Inhalt

I0027962

Editorial

Eike Hinze
Die alte Heimat – Alter – Heimat 293

Übersichten

Manfred G. Schmidt
Die Heimat und ihre Paradoxien
Philosophisch-psychoanalytische Spurensuche 297

Meinolf Peters
Alter und Identität in Zeiten der Postmoderne 309

Heimatlosigkeit und Heimat

Barbara Stambolis
»Ich weiß, ich werde alles wiedersehen. Und es wird alles
ganz verwandelt sein …«
Heimatlosigkeit und Heimatsehnsucht
aus zeitgeschichtlicher Perspektive 323

Bertram von der Stein
»Die schöne Heimat«
Über das ambivalente Verhältnis der Deutschen zu eigenen
Architekturtraditionen, Denkmalpflege und Wiederaufbau 335

Klaus Müller
Heimat im Film
Eine Untersuchung zu Heimatfilmen der Nachkriegszeit,
im Vergleich zur Trilogie »Heimat« von E. Reitz 351

Peter Giesers und Christoph Tangen-Petraitis
»Heimat« am Obersalzberg
Die Sehnsucht nach Versöhnung mit dem geliebten Täter-Vater
am Beispiel der Vater-Sohn-Beziehung von Veit und Thomas Harlan 363

Reinhard Lindner
Heimatliche Gegenübertragung in der Psychotherapie mit Älteren 381

Inhalt

Bertram von der Stein und Johannes Kipp
»Heimat, Sehnsucht, heile Welt?«
Nachlese vom 24. Symposium »Psychoanalyse und Altern«   395

Eine Institution stellt sich vor

Ruth Schulhof-Walter
Ein Heim im Alter – das Elternheim   399

Buch- und DVD-Besprechungen

Henning Wormstall
Caroline Osborn, Pam Schweitzer und Angelika Trilling (2013)
Erinnern. Eine Anleitung zur Biographiearbeit mit älteren Menschen.   403

Johannes Kipp
Hans-Werner Wahl, Clemens Tesch-Römer, Jochen Philipp
Ziegelmann (Hg) (2012) Angewandte Gerontologie.   405

Monika Müller und David Pfister (Hg) (2012)
Wie viel Tod verträgt das Team?   405

Demenz Support Stuttgart (Hg) (2012) Gemeinsam bewegen wir
uns lieber als allein. Sport und Demenz. DVD.   407

Demenz Support Stuttgart und Bürgerinstitut Frankfurt (Hg) (2012)
Wir wollen mitreden. Menschen mit Demenz treten aus dem Schatten.
DVD.   407

Zum Titelbild

Bertram von der Stein
Heimat eine Idylle?   409

Veranstaltungshinweis   410

Nachruf

Dipl.-Psych. Peter Giesers   411

Autorinnen und Autoren   413

Psychotherapie im Alter

Forum für
Psychotherapie,
Psychiatrie,
Psychosomatik
und Beratung

Herausgegeben von
Simon Forstmeier, Zürich; Johannes Kipp, Kassel; Meinolf Peters, Marburg / Bad Hersfeld; Astrid Riehl-Emde, Heidelberg; Bertram von der Stein, Köln; Angelika Trilling, Kassel; Henning Wormstall, Schaffhausen / Tübingen;

PiA 10. Jg. (Heft 3) 2013: Heimat, Sehnsucht, heile Welt?, herausgegeben von Bertram von der Stein und Eike Hinze

Beirat

Psychosozial-Verlag

Impressum

Psychotherapie im Alter
Forum für Psychotherapie, Psychiatrie, Psychosomatik und Beratung

ISSN 1613–2637
10. Jahrgang, Nr. 39, 2013, Heft 3

ViSdP: Die Herausgeber; bei namentlich gekennzeichneten Beiträgen die Autoren. Namentlich gekennzeichnete Beiträge stellen nicht in jedem Fall eine Meinungsäußerung der Herausgeber, der Redaktion oder des Verlages dar.

Erscheinen: Vierteljährlich

Herausgeber: PD Dr. Simon Forstmeier, Dr. Johannes Kipp, Prof. Dr. Meinolf Peters, Prof. Dr. Astrid Riehl-Emde, Dr. Bertram von der Stein, Dipl.-Päd. Angelika Trilling, Prof. Dr. Henning Wormstall

Mitbegründer und ehemalige Mitherausgeber: Prof. Dr. Hartmut Radebold (2004–2008), Dr. Peter Bäurle (2004–2011)

Die Herausgeber freuen sich auf die Einsendung Ihrer Fachbeiträge! Bitte wenden Sie sich an die Schriftleitung:
Dr. Johannes Kipp
Felsengarten 9
34225 Baunatal
Tel.: 0561/42212
E-Mail: j.kipp@psychotherapie-im-alter.de
www.psychotherapie-im-alter.de

Übersetzungen: Keri Shewring

Satz: Andrea Deines, Berlin
Printed in Germany

Anfragen zu Anzeigen bitte an den Verlag:
E-Mail: anzeigen@psychosozial-verlag.de

Abonnentenbetreuung:
Psychosozial-Verlag
E-Mail: bestellung@psychosozial-verlag.de
www.psychosozial-verlag.de

Bezug:
Jahresabo 49,90 Euro · 77,90 SFr
(zzgl. Versand)
Einzelheft 14,90 Euro · 25,50 SFr
(zzgl. Versand)
Studierende erhalten gegen Nachweis 25% Rabatt.
Das Abonnement verlängert sich um jeweils ein Jahr, sofern nicht eine Abbestellung bis zum 15. November erfolgt.

Die Herausgeber danken für die Unterstützung durch die Arbeitsgruppe Psychoanalyse und Altern, Kassel.

Editorial
Die alte Heimat – Alter – Heimat

Spielt das Thema »Heimat« in Psychotherapien Älterer eine besondere Rolle? Der Begriff war lange tabuisiert. Wurde er in der Nachkriegszeit oft im Sinne einer idealisierenden und verleugnenden Rückschau auf die eigene persönliche oder auch kollektive deutsche Geschichte verwendet, geriet er später immer mehr in Verruf als Zeichen von Deutschtümelei und rechtslastiger Gesinnung. Die Filme von Edgar Reitz (*Heimat – Eine deutsche Chronik*, 1984; *Die zweite Heimat – Chronik einer Jugend*, 1992; *Heimat 3 – Chronik einer Zeitenwende*, 2004) brachten eine Wende. Und wohl auch die Wiedervereinigung machte eine vorurteilsfreie Beschäftigung mit Heimat möglich.

Zwei im letzten Jahrzehnt erschienene Bücher laden dazu ein, sich in das Thema »Heimat« zu vertiefen. Da ist zum einen das aus angelsächsischer Perspektive geschriebene Buch *Heimat – A German Dream* von Elizabeth Boa und Rachel Palfreyman (2000) und zum anderen der Buchessay *Heimat. Eine Rehabilitierung* von Christoph Türcke (2006).

Die einzelnen Beiträge in diesem Heft entstammen dem Symposium »Psychoanalyse und Altern«, das 2012 zum 24. Mal in Kassel stattfand. Es stand unter der Überschrift »*Heimat, Sehnsucht, heile Welt?*«. Die Autoren befassen sich mit unterschiedlichen Facetten dieses Themas, wobei der zeitgeschichtliche Bezug immer eine Rolle spielt. Das ist angesichts des Missbrauchs, dem der Begriff Heimat im Dritten Reich ausgesetzt war, nicht verwunderlich.

Die Beiträge, die sich speziell mit Behandlungsaspekten befassen, können auf die eingangs gestellte Frage keine abschließende Antwort geben. Ich glaube, dass es sehr von der Einstellung und Sensibilität des Therapeuten abhängt, ob das Thema Heimat in Therapien mit älteren Patienten lebendig wird. Und ich glaube auch, dass es für einen älteren Patienten hilfreich sein kann, seine frühesten Erfahrungen mit seinem Bild von Heimat zu verbinden (Türcke 2006). Es kann ihm helfen, sich in seiner Identität als alternder

Mensch »heimischer« zu fühlen. Zwei Beispiele fallen mir in dieser Hinsicht ein. Das eine betrifft mich selbst, das andere einen älteren Patienten.

Nach der Flucht hatte es meine Familie schließlich nach mehreren Zwischenstationen nach Westfalen verschlagen. Als junger Bursche und Adoleszent hatte ich das flache Münsterland mit seinen zahlreichen Hecken liebgewonnen. Als ich später meinen Geburtsort besuchte, fiel es mir wie Schuppen von den Augen. Die Auenlandschaft der Oder, in der ich meine frühe Kindheit verbracht hatte, glich dem Münsterland. Ich fühlte mich sehr berührt und aufgewühlt, als mir diese Verbindung während dieses Besuches zum ersten Mal bewusst wurde.

Ein erst nach dem Kriege geborener Patient war zeitlebens damit beschäftigt, sich eine Heimat zu suchen. Seine Familie lebte in idyllischer Umgebung in Westdeutschland. Aber ihn zog es ständig ins Ausland. Während der Therapie wurde es immer deutlicher, dass in der Familie Frage- und Denkverbote herrschten, die die Tätigkeit des Vaters während des Krieges in der Verwaltung im Osten betrafen. Die Familie lebte im Osten ebenfalls unter idyllischen Bedingungen. Während der Behandlung spielte die Auseinandersetzung mit dem bereits verstorbenen Vater eine große Rolle. Besonders wichtig für den Patienten war es aber, eine Heimat zu finden – oder sich zu schaffen, in der er sein Selbstbild als Sohn eines Besatzers mit eigenen Wiedergutmachungsfantasien den Besetzten gegenüber verbinden konnte. Auf sehr anrührende und kreative Weise schaffte er diese Integration im Osten Deutschlands. Natürlich stellten sich für den Analytiker, der auch seine Heimat verloren hatte, grundsätzliche Fragen der Gegenübertragung. Aber auch ein jüngerer Kollege steht vor der Aufgabe, sich solchen Fragen und Problemen der Zeitgeschichte gegenüber offen zu halten und eigene ideologische Überzeugungen ständig zu hinterfragen.

Das Thema »Heimat« macht etwas deutlich, was charakteristisch für die Behandlungen älterer Patienten ist: Wir sind aufgefordert, uns mit der zeitgeschichtlichen Dimension im Lebenslauf unserer Patienten auseinanderzusetzen. Das mag gegenwärtig besonders augenfällig bei den sogenannten Kriegskindern sein, von denen viele ihre Heimat verloren haben, aber Heimat als Kategorie des Erlebens wird auch bei den später Geborenen ihren Platz in deren innerer Welt besitzen.

Eike Hinze (Berlin)

Literatur

Boa E, Palfreyman R (2000) Heimat, a German Dream. Oxford, New York (Oxford University Press).

Türcke C (2006) Heimat. Eine Rehabilitierung. Springe (zu Klampen Verlag).

Korrespondenzadresse:
Dr. Eike Hinze
Westendallee 99f
14052 Berlin
E-Mail: e.f.hinze@t-online.de

Die Herausgeber von Psychotherapie im Alter laden Autorinnen und Autoren ein, an den geplanten Themenheften mitzuarbeiten und geeignete Manuskripte oder freie Originalia zu selbst gewählten Themen bei der Schriftleitung (E-Mail: johanneskipp@t-online.de) einzureichen. Die Planung ist vorläufig und kann kurzfristig umdisponiert werden.

➤ PiA 1/14 Suizid und selbstbestimmtes Sterben (Frist 1.7.13)
➤ PiA 2/14 Hochaltrigkeit (Frist 1.10.13)
➤ PiA 3/14 Märchenhaftes Alter (Frist 1.1.14)
➤ PiA 4/14 Arbeit (Frist 1.4.14)

Helga Gotschlich

Das Bild in mir

Ein Kriegskind folgt den Spuren seines Vaters

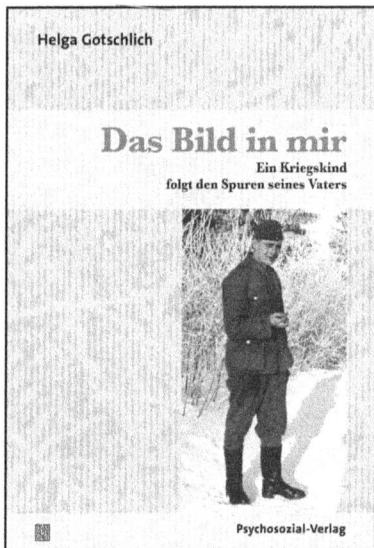

Helga Gotschlich

Das Bild in mir

Ein Kriegskind
folgt den Spuren seines Vaters

Psychosozial-Verlag

2012 · 439 Seiten · Broschur
ISBN 978-3-8379-2177-9

Als wäre es gestern gewesen, erinnert sich Helga Gotschlich an die Situation im Luftschutzkeller während des Bombenangriffs auf Dresden und an die Bilder der Menschen, die ums nackte Überleben kämpften. Die Historikerin gehört selbst zur Generation der »Kriegskinder« und erzählt im vorliegenden Werk ihre eigene

Geschichte. Im Mittelpunkt der Reise zurück in die Zeit des Krieges steht die Frage nach dem verlorenen Vater, genannt »Papa Paul«. Nachdem er 1945 ein letztes Mal als Panzerfahrer nach Berlin einrücken musste, kehrte er nicht mehr nach Hause zurück. Doch was geschah mit ihm?

Durch den Verlust des Vaters veränderte sich die Situation in der Familie drastisch. Für die damals heranwachsende Tochter bedeutete dies ein Verlust von Geborgenheit und ein abruptes Ende ihrer Kindheit. Lange weigert sie sich, die neue Lebenssituation anzuerkennen und die üblichen Erklärungen für vermisste Soldaten zu akzeptieren. Jahrzehnte nach dem Verschwinden des Vaters ist sie bereit, das Geheimnis um »Papa Paul« zu lüften, und begibt sich mithilfe der akribischen Mittel einer Historikerin auf die Suche nach seinen Spuren.

Mit ihrer zeitgeschichtlichen Rückblende lüftet die Autorin nun ein Familiengeheimnis um den Verschollenen und hinterfragt dabei sowohl das Wesen und die Persönlichkeit des Vaters als auch Leerstellen in der eigenen Biografie. Gleichzeitig zeichnet ihre Geschichte ein Bild der Kriegs- und Nachkriegsjahre und reflektiert die psychischen, physischen und zwischenmenschlichen Auswirkungen und Verwerfungen der beiden Weltkriege.

Walltorstr. 10 · 35390 Gießen · Tel. 0641-96 99 78-18 · Fax 0641-96 99 78-19
bestellung@psychosozial-verlag.de · www.psychosozial-verlag.de

Die Heimat und ihre Paradoxien
Philosophisch-psychoanalytische Spurensuche

Manfred G. Schmidt (Köln)

Zusammenfassung

Die Reichweite und die zum Teil paradoxe Komplexität der Heimat-Thematik sind die Ausgangspunkte von philosophischen und psychoanalytischen Überlegungen. Die antagonistische Spannung zwischen Geborgenheitssehnsucht und Abenteuerlust durchzieht fast alle Erfahrungen die Heimat betreffend. In der Philosophie markierte M. Heidegger (1927) eine Wende der cartesianischen Distanz des Denkens hin zu einem konkreteren Bezug des »In-der-Welt-Seins« was in etwa dem Verständnis des Szenischen und der Präsenz in der Psychoanalyse entspricht. Eine einfache Definition von Heimat »als selbst mitgeschaffene kleine Welt« von H. Bausinger (1990) entspricht zugleich einem Kriterium von Erwachsenwerden in der Psychoanalyse. Abschließend wird auf den im Alter besonders notwendigen Prozess der »konstruktiven Resignation« (E. Jaques 1984) hingewiesen, einem Trauerprozess, dass das, was nicht mehr möglich ist, zugleich das jetzt noch Mögliche zugänglicher machen hilft.

Stichworte: Paradoxe Komplexität, Geborgenheitswunsch, Abenteuerlust, Präsenz, Kunst der »konstruktiven Resignation«

Abstract: The »Heimat« and its paradox – philosophical and psychoanalytical reflections

The range and partly paradoxical complexity of the issue »Heimat« are the starting points of philosophical and psychoanalytical reflections. The dialectical tension between the longing for safety and the pleasure of adventure pass through many experiences of« Heimat«. Heideggers approach marks a scenic turn in philosophy which correspond the term presence in psychoanalysis.

A definition of »Heimat« from H. Bausinger »to build an own self-shaped small world« is in psychoanalysis a criterion of growing up. The process of »constructive resignation« (E. Jaques) is a fruitful mourning process especially in older age.

Key words: paradoxical complextiy, feelings of security, adventuresomeness, presence, art of constructive resignation

Einleitung

Wissenschaftsgeschichtlich war 1926 ein besonderes Jahr. S. Freud veröffentlichte seine wichtige Arbeit »Hemmung, Symptom und Angst«, W. Heisenberg formulierte die *Unschärferelation,* für die er 1932 den Nobelpreis für Physik erhielt, und M. Heidegger vollendete sein Werk »Sein und Zeit« (erschien 1927) auf seiner Hütte auf dem Todtnauberg, wo ihn W. Heisenberg auch einmal besucht hatte. Tatsächlich hatte Heidegger sein Werk in einem Zimmer im Bühlhof bei Familie Brender 100 m unterhalb der Hütte geschrieben, da es ihm in der Hütte wegen der Kinder zu laut war.

Diese Hütte in einem Hochtal im südlichen Schwarzwald in 1200 m Höhe sehen Sie hier auf diesem Bild. Dies ist auch meine ursprüngliche Heimat. Im davor liegenden Hang, dem *Radschert,* bin ich als Kind und als Jugendlicher Ski gefahren und dort war ich später als Student zwei Winter lang auch Skilehrer. Vor drei Jahren, nach dem Tod meiner Mutter, habe ich mein

Elternhaus in Todtnau verkauft und seither träume ich regelmäßig ungefähr einmal im Monat von diesem Haus und seiner Umgebung und dies war ein Anlass, mich mit der Heimatthematik zu befassen.

Hier ist schon ein Hinweis auf eine Paradoxie, die mit Heimat verbunden ist, angedeutet: »*Schätzen lernt man Heimat erst, wenn man sie verloren hat.*« (Türcke 2006, 26) oder etwas zugespitzter formuliert: »*Zur Wirkungsweise von Heimat gehört, dass sie sich im Moment ihres Verlusts nahezu unwiderstehlich zur heilen Welt verklärt*« (ebd., 29).

Philosophische Spurensuche

Bei der Spurensuche zum Komplex Heimat bin ich u. a. auf dieses Buch von Chr. Türcke »*Heimat, Eine Rehabilitierung*« (2003) gestoßen. Türcke ist Philosoph und Religionswissenschaftler und lehrt in Leipzig. Ein Zitat aus dem Vorwort des Buches veranschaulicht die Reichweite und die zum Teil paradoxe Komplexität von Heimat: »*Heimat ist ein Idiom – schwer belastet mit Geschichte. Deutsche Romantik, deutsche Volkstümelei und deutscher Faschismus haben sich ausgiebig seiner bedient. Unzählige Male ist es missbraucht und verhunzt worden. Nicht, dass es daran vollkommen unschuldig wäre. In jedem Wort steckt eine Prise Mehrdeutigkeit, jedes strahlt etwas Zwielicht aus. Es gibt keine reinen Worte, nur mehr oder weniger misshandelte. Aber ihr Missbrauch raubt ihnen keineswegs alle Berechtigung. Nur weil die Worte Freiheit und Gerechtigkeit so oft verdreht wurden, soll man sie nicht mehr verwenden dürfen? Im Gegenteil; ihr verantwortlicher Gebrauch wird um so dringlicher. Das gilt nicht minder für Heimat. Solange das Gefühl, das sich Heimweh nennt, bei kleinen und großen Kindern – und wer ist schon hundertprozentig erwachsen – nicht ausstirbt, gibt es keinen vernünftigen Grund, das Wort Heimat aus der deutschen Sprache zu tilgen. Es wird vielmehr Zeit, sich ihm erneut zustellen. Es hat eine dunkle Geschichte, die der Erhellung bedarf, und es hat womöglich mehr Zukunft als uns lieb ist. Je mehr Heimatlosigkeit die mobile, flexible, neoliberale Welt mit sich bringt, desto mehr drängt sich Heimat auf.*« (7f)

In der berühmten Kindergeschichte »O wie schön ist Panama!« von Janosch wird die paradoxe Natur von Heimat eindrucksvoll veranschaulicht. Der kleine Bär und der kleine Tiger finden eine leere Holzkiste, die nach Bananen riecht und auf der *Panama* steht. Sie machen sich auf, dieses Bananen-Paradies zu suchen. Nach etlichen Abenteuern, Irrungen und Wirrungen kommen sie unversehens zurück in ihre Heimat, wo sie ihr eigenes Schild »Panama« wiederfinden und auch ihre alte Heimat neu entdecken und gestalten.

Auch K. Joisten, Philosophin, die in Mainz lehrt, hat in ihrer Arbeit »Philosophie der Heimat – Heimat der Philosophie« (2003) die Doppelstruktur Heimat und Unterwegssein in das Zentrum ihrer Überlegungen gestellt. Heimat als die heimische Seite, die Bindungen und Zugehörigkeit schafft und die Möglichkeit bietet, in und bei sich zu wohnen und zu verweilen, einhergehend mit dem Problem einer manchmal veränderungsfeindlichen Starrheit, während das Unterwegssein neue Möglichkeiten eröffnet, aber auch zuweilen die Gefahr der Rastlosigkeit in sich birgt. Rastlosigkeit, dieses Gefühl, dass man nirgends mehr bleiben kann, immer schon woanders sein müsste, diese chronische Rastlosigkeit sieht der Schriftsteller Winfried Georg Sebald als ein Kennzeichen der bundesrepublikanischen Reisesucht in den Jahrzehnten nach der Katastrophe des Zweiten Weltkriegs. Sebald sieht im Anschluss an einen Gedanken von Heinrich Böll in dieser Rastlosigkeit unter anderem auch die Folge einer kollektiven traumatischen Erfahrung im Krieg, in den endlosen Flucht- und Rückflutbewegungen, der vertriebenen und auch der ausgebombten Bevölkerung (Sebald 2001, 40f), eine Rastlosigkeit also, die in gewissem Sinne auch Heimatflucht bzw. Heimatvertreibung signalisiert. Mit diesem zeitgeschichtlichen Aspekt von Rastlosigkeit will ich nun anknüpfen an einige Gedanken zur Geschichte des intellektuellen Diskurses und des gesellschaftlichen Geschehens, insofern diese unsere Thematik berühren.

M. Heidegger, ein außerordentlich heimatverbundener Mensch, hat eindringlich die *Seinsvergessenheit* des Menschen angemahnt. Er wollte die cartesianische Seinsgewissheit des distanzierenden Denkens des »*Cogito ergo sum*« durch einen konkreteren Modus des *In-der-Welt-Seins* ergänzen bzw. ablösen und auf den stärker sinnlich motorischen Weltbezug hinweisen. Damit verbunden ist nun eine viel größere Natur- und Heimatnähe, als dies bislang in der Geschichte der Philosophie üblich war. Deshalb spricht W. Hogrebe (2009), Philosophieprofessor in Bonn, von der *performativen Wende*, die Heidegger im Anschluss an E. Husserl und W. Dilthey vollzogen hatte. Performativ bezieht sich auf das konkrete, auch handelnde und ganz individuelle *In-der-Welt-Sein* mit den Sinnen, der Motorik in Verbindung mit der Natur, den Dingen und den anderen Menschen.

Psychoanalytische und philosophische Heimat – Spuren

Das ist eine *szenische Philosophie* und interessanterweise gibt es 50 Jahre später, Mitte der 70er Jahre eine gewisse Entsprechung in der Psychoanalyse bei A. Lorenzer, H. Argelander und etwas später bei R. Klüwer mit ihren Konzepten des *szenischen Verstehens*, dem *Handlungsdialog* und des *enactments* (R. Klüwer 2001). Eine Erweiterung des Konzepts des Szenischen haben zuletzt die Psychoanalytiker Jörg Scharff aus Frankfurt (2010) und Herbert Will aus München (2012) vorgelegt. Diese Autoren *»argumentieren, dass das bildliche und szenische Erleben ein andersartiges Wirklichkeitsgefühl mit sich bringt, das sie die Sensation der Realität nennen. Diese Sensation übernimmt zwar nicht die Aufgabe der Realitätsprüfung. Doch markiert sie stattdessen eine andersartige, eine situative Realitätswahrnehmung, in der innere psychische und externe materielle Welt zu einer sinnlichen Figur zusammengefasst werden, an die Erlebnisse geknüpft sind«* (Will 2012, 294). Scharff spricht von einer *»präsentischen Geschehenslogik, der die Verstehenslogik nachfolgt«* (zit. nach Will 2012, 303; s. auch Pflichthofer 2008). Ein kleines Beispiel des Literaturwissenschaftlers Hans Ulrich Gumbrecht aus Stanford, Kalifornien, mag verdeutlichen, was mit diesen beiden Ebenen der »Präsenz und der Bedeutung« gemeint ist. *»Man tanzt in Argentinien nicht auf einen Tango, der mit einem Text vorgetragen wird – obwohl die oft beachtliche literarische Qualität von Tango-Texten seit langem Gegenstand berechtigten kulturellen Nationalstolzes ist. Der Grund für diese Konvention scheint zu sein, dass es innerhalb einer Simultansituation von Bedeutungs- und Präsenzeffekten sehr schwierig wäre, mit dem Körper dem Rhythmus der Musik zu folgen, wenn man gleichzeitig auf den Text zu achten hätte. Eine solche gespaltene Aufmerksamkeit würde es fast unmöglich machen, den Körper in den Takt der Musik – im wörtlichen Sinne – fallen zu lassen.«* (Gumbrecht 2012, 342). Auch in der analytischen Stube gibt es eine Fülle kleiner Tangos, Polkas und Blues ohne Text, deren Bewegungsmelodie aber nur spürbar wird, wenn man nicht ständig meint, einen Text entschlüsseln zu müssen.

In beiden Feldern, der Psychoanalyse und der Philosophie, geht es um eine Relativierung der einseitig überladenen hermeneutischen Sinnhaftigkeit im Verstehen. Durch dieses zu stark nur auf Sinnhaftigkeit ausgerichtete Verstehen entsteht immer wieder ein Stück Weltverlust, weil dies mit einer denkenden Distanz und Distanziertheit im Kontakt erkauft wird. Einen Aspekt des hier Gemeinten benennt J. Arlow, ein New Yorker Analytiker, wenn er vom »hochtrabendem Zuhören« spricht – »stilted listening« –, bei dem der Analytiker sich die Rolle desjenigen zuschreibt, der in allem einen Sinn zu finden vermag (zit. nach Oliner 2008, 1131).

In der neueren Philosophie hat dieses veränderte Paradigma seine Fortführung gefunden mit dem Begriff der *Präsenzkultur*, die mehr durch Kontakt, Begegnung und Wahrnehmung bestimmt wird, während die hermeneutisch hergestellte Sinnkultur durch Interpretation und Repräsentanz geprägt ist. Dies findet seinen Ausdruck in dem programmatischen Werken von H. U. Gumbrecht »Diesseits der Hermeneutik« (2004) und »Präsenz« (2012) sowie bei W. Hogrebe »Gefährliche Daseinsnähe« (2009). Die Faszination von intensiven Erlebnismomenten beim Singen und Musizieren, beim Kunsterleben sowie beim Sport sind Beispiele von Präsenzerfahrung, die z. B. in einer Orchesterprobe mit L. Bernstein oder im Erleben von Fußballendspielen oder Tennisturnieren gemacht werden kann. Gumbrecht spricht von »*fokussierter Intensität*« (2004, 124). Die größere Alltagsnähe und Sinnlichkeit dieser Erfahrungsdimension gegenüber einem eher nur durch »Geistigkeit« geprägtem Kulturverständnis (Schäfer 2003) hat sicherlich implizit zur Rehabilitierung des Heimatbegriffes beigetragen.

Janine Puget, eine argentinische Psychoanalytikerin und Gruppen- und Familientherapeutin, vermutet, dass Präsenzeffekte vor allen Dingen in der Begegnung mit der Andersheit eines Anderen entsteht, und zwar unvorhersehbar. Damit hat Präsenz auch einen Bezug zum Fremden, Neuen, Nicht-Identischen und, auf unser Thema bezogen, nicht nur zum heimatlich vertraut Gewohnten (Puget 2004, 918f).

Im Übrigen spiegelt sich in der Philosophiegeschichte insgesamt der Widerstreit zwischen Geborgenheitssehnsucht und Abenteuerlust, zwischen Heim- und Fernweh. »*Das Unglück der Menschen besteht darin, dass sie nicht in der Lage sind, ruhig in ihrem Zimmer zu bleiben*«, schreibt Blaise Pascal (1988, 15), der, wie Parmenides ebenso wie die Stoiker und auch die Mystiker (Meister Eckhardt), die Menschen zur Einkehr bei sich selbst auffordert. Demgegenüber leben Vertreter der philosophischen »*Schule der Bewegung*« wie G. W. F. Hegel, K. Marx oder E. Bloch von der Sehnsucht, von der inneren Unruhe und vom Fortschreiten in die Utopie. Dass etwas fehlt, wissen die einen wie die anderen (Reusch 2007).

Damit beende ich meinen kleinen Exkurs in die Philosophie und komme zurück zu zeit- und kulturgeschichtlichen Kontexten, die mir für die Geschichte von Heimat relevant erscheinen.

Zum Heimat-Diskurs in der Bundesrepublik

Die größte Veränderung in der Heimat-Debatte der letzten 30 Jahre ging zweifelsfrei von der Fernsehserie »Heimat« von E. Reitz aus, die ab 1984 von 10 Millionen Bundesbürgern verfolgt wurde. Die Geschichte des fiktiven Ortes Schabbach im Hunsrück mit ihren Einwohnern, insbesondere mit Maria und ihrer bäuerlichen Familie, ihrem Mann, der in der Ferne verschwindet und 10 Jahre später zurückkehrt, und ihren drei Söhnen. Die Geschichte beginnt 1919 und endet 2000, mit insgesamt 54 Stunden Sendezeit. Auch wenn

E. Reitz, der aus der Kleinstadt Morbach im Hunsrück stammt, selbst schreibt: »*Die Weggeher, die Wegläufer sind die Hefe der Welt. Sie haben die Dinge in Gang gebracht. Die Heimatlosen sind die Glückssucher, die Neudenker, die Schöpferischen*« (Reitz 2007, 43), so ist seine Heimat-Trilogie auch eine Würdigung, eine Anerkennung und eine Hommage an diese, seine Heimat, ohne einen besserwisserischen, dünkelhaft intellektuellen Gestus, wie er leider in meiner 68er Generation eine Zeit lang vorherrschte. Unstrittig ist aber, dass erst nach der Protestbewegung der Studenten in den 68er Jahren eine andere Geschichte von Heimat erzählbar geworden ist.

Eine weitere Linie beginnt 1983 mit dem Einzug der Umweltpartei *Die Grünen* mit 5,6 % in den Bundestag. Eine Partei, die sich ökologisch-politisch um die Heimat und ihre Unversehrtheit Sorgen macht und aktiv kümmert – auch wenn den meisten in dieser Partei der Name »Heimatpartei« vielleicht nicht gefallen würde.

Eine weitere Spur, die deutlich auf einen zugenommenen Bedarf an Heimat hinweist, sind die sogenannten Regionalkrimis, die ebenfalls ab Mitte/Ende der 80er Jahre aufkamen. Fast jeder Landstrich in Deutschland hat inzwischen seine Mordfälle und seine Kommissarin – der Niederrhein, die Eifel, Köln usw.

»*Es wird keiner ein Mensch, wenn er nicht in ein Haus hineinwächst, es bleibt keiner ein Mensch, wenn er nicht aus dem Haus hinauswächst.*« Dieser Satz aus einem ZEN-Kontext, markiert einen entwicklungspsychologischen Aspekt, der auch in der Psychoanalyse zentral ist, die Lösung aus der Heimat der Primärfamilie, als Bedingung des Erwachsenwerdens – aber wohin führt diese Lösung? Roderich Hohage, Psychoanalytiker aus Ulm, hat ein überzeugendes Kriterium für das Erwachsenwerden beschrieben: »*Das Spezifische der adoleszenten Entwicklung sehe ich in der Fähigkeit, die eigene Gedanken- und Erfahrungswelt von der Außenwelt unabhängig zu machen, so dass die Gedanken im Extremfall ausschließlich ihren eigenen Gesetzen folgen und nicht mehr der Steuerung durch Außeneinflüsse unterliegen. Mit der Adoleszenz entfaltet die Gedankenwelt also eine Eigengesetzlichkeit, die erst die endgültige Ausprägung von psychischen Binnenstrukturen ermöglicht. Dieser Schritt scheint mir ein revolutionärer Entwicklungsschritt zu sein, dessen Bedeutung für die psychische Struktur und ihre Störungen gar nicht hoch genug eingeschätzt werden kann*« (2001, 3).

Der relativen Autonomie der inneren Welt entspricht auch real die Entwicklung eines eigenen kleinen Kosmos, was Kleidung, Wohnung, Geld, Essen und Kontakte betrifft, als Kriterium für ein gesundes Erwachsenwerden. H. Bausinger, emeritierter Volkskundler aus Tübingen, formulierte nun einen Heimatbegriff, der diesem Kriterium sehr ähnelt: »*Heimat als Aneignung und Umbau gemeinsam mit anderen. Heimat als selbst mitgeschaffene kleine Welt, die Verhaltenssicherheit gibt. Heimat als menschlich gestaltete Umwelt«* (Bausinger 2010, 88). Erwachsenwerden ermöglicht eine *»selbstgeschaffene kleine Welt«*, die eine neue Heimat – wo auch immer – werden kann.

Vieles kann einen heimatstiftenden Keim bilden für diese eigene kleine Welt: Das Buch *Der Name der Rose* von U. Eco werde ich sicher auch noch ein fünftes Mal lesen, den Western *Rio Bravo* von Howard Hawks habe ich inzwischen sicher 16 mal gesehen und das Violinkonzert von P. Tschaikowsky noch öfter gehört – kleine, aber bedeutsame präsentische Heimatgebilde. Sie bilden eine je eigene, sehr wahrnehmungsnahe Welt, die hermeneutisch deutend nie ganz zu greifen ist, die aber einen nicht minder *wirklichen* Aspekt des Lebensvollzugs darstellt. Dies entspricht dem Objektverständnis von Chr. Bollas (1999), wie W. Bohleber, Psychoanalytiker und Herausgeber der Zeitschrift Psyche, darüber schreibt: »*Als Objekte fungieren im Sinne von Chr. Bollas nicht nur bedeutungsvolle Andere, sondern auch materielle Gegenstände, Landschaften, Kunstwerke, Musik und Literatur. Die Objekte bilden eine Textur des Selbst«* (Bohleber 2012, 73). Etwas sehr ähnliches hat schon D. Winnicott mit seinem Konzept der Umweltmutter beschrieben.

Therapeutische Erfahrungen und die Bedeutung von Kleingruppen

In der psychoanalytischen Arbeit mit acht Emigranten aus den USA, Südafrika und den Mittelmeerländern habe ich immer wieder erlebt, dass die Emigration u. a. dann zu einer befriedigenden Entwicklung führt, wenn es gelungen ist, etwas Eigenes zu finden, zu entwickeln und aufzubauen, das zugleich mit dem neuen Umfeld verbunden und schon Bestandteil der neuen Umgebung ist. So hatten z. B. bei einem amerikanischen Emigranten eine Lesegruppe, die sich intensiv mit amerikanischer Literatur beschäftigt, oder bei einer anderen Emigrantin ein Chor, der auch Liedgut aus der alten Mittelmeerheimat pflegt und singt, diese Funktion. Fast immer war es die Teilhabe und Teilnahme an einer kleinen oder mittelgroßen Gruppe, die den Beginn eines Gefühls, *angekommen zu sein*, markierte. Das Erleben von Verbundenheit und neuer Zugehörigkeit in einer kleinen Gruppe ist offenbar außerordentlich heimatstiftend.

Kleingruppen sind das Bindeglied zwischen dem Einzelnen und dem großen gesellschaftlichen Gemeinwesen. Das Verständnis für Kleingruppen und deren enormer Wirksamkeit in den verschiedensten Zusammenhängen – im Alltag, im Arbeitsleben, in der Kultur und in der Freizeit – hat eine außerordentliche Bedeutung für die Frage, wo wir unsere Heimat haben, sei es die

Sportgruppe, das Literaturkränzchen, das Arbeitsteam, der Chor, die Wandergruppe, die Pokerrunde oder auch eine wissenschaftliche Arbeitsgruppe. Die oft rhythmische Regelmäßigkeit des Treffens solcher Kleingruppen ist einer ihrer heimatstiftenden Wirkfaktoren.

Was aber ist die individuell intrapsychische Konstellation, die es ermöglicht, sich in eine solche Kleingruppe einzuklinken? Nach meinen therapeutischen Erfahrungen mit diesen Emigranten spielte dabei eine entscheidende Rolle, dass die verinnerlichte Erfahrung eines unversöhnlich zerstrittenen Elternpaares allmählich entkräftet werden konnte. Bei sechs der acht Emigranten lagen solche Erfahrungen vor. Wodurch erfolgt die Befriedung dieser aggressiv aufgeladenen Urszenebilder? Zum einen durch die Arbeit in der Analyse an diesem Komplex, zum anderen durch Erfahrungen in solchen Kleingruppen. Die Relativierung von zwei unbewussten Erwartungen spielt bei beiden Veränderungsebenen eine große Rolle, zum einen, die Erfahrung, dass das Leben und Arbeiten in solchen Gruppen nicht automatisch Unterwerfung bedeutet, zum anderen, die Vorstellung, dass alles, was in der Gruppe geschieht, nicht selbst kontrolliert und bestimmt werden muss. Diese Relativierung einer aggressiv gegensätzlich aufgeladenen Urszenevorstellung ist der intrapsychische und zum Teil unbewusste Wirkfaktor der Entstehung einer neuen Heimat.

Heimat im Alter

Hierbei ist die ständig mitlaufende psychische Unterströmung, die Heimat der eigenen Kindheit in all ihrer widersprüchlichen Vielfalt dabei. Wie bergend, schützend oder bedrohlich und traumatisierend waren die Ausgangserfahrungen mit der ersten Heimat. Je traumatisierender die Anfangserfahrungen oder auch später die Bedingungen der Emigration selbst waren, umso schwerer fällt der Aufbau »einer selbst mitgeschaffenen kleinen Welt«. Frühe, wiederholte, unvermittelte, nicht mentalisierte und symbolisierte Trennungen spielen hier eine zentrale Rolle. Wie anwesend darf die Abwesenheit der primären Kindheit sein? (Gurevich 2008).

Die Heimat der Kindheit spielt nun auch für das Alter wieder eine zunehmend größere Rolle. Wie versöhnt oder verbittert, wie milde friedlich oder wie grollend ist diese Beziehung, die mit dem Älterwerden wieder wichtiger wird. Welche sinnlichen Landschaftserinnerungen leben in uns von dieser ersten Heimat, wie beruhigend, befriedigend sind sie. Wie steht es mit den basalen Erfahrungen von Verbundenheit und selbstverständlicher Zugehörigkeit? So wie J. G. Herder Heimat einmal beschrieb: »*Heimat ist, wo ich mich nicht erklären muss!*« (Köstlin 2010, 25). Oder überwiegen Erfahrungen von

Nicht-Anerkennung, Ausgestoßensein, Unruhe und Streit im familiären und im weiteren Umfeld der Kindheit. Welche Musik, welche Lieder, Gerüche, Farben, Speisen, welche Natur- oder Kulturkontexte bilden Erinnerungsbrücken zur ersten Kindheit, ohne den Verlust dieser Kindheit zu leugnen.

Diese Erinnerungsbrücken können gerade im Alter Ausgangspunkte bilden für die Belebung alter und dann auch neuer Interessen und Projekte, in denen die zunehmend individuelle Vielfalt des Alters neue Räume und Ausdrucksfelder finden kann. Hier gilt, was E. Jaques, der britische Psychoanalytiker und Sozialwissenschaftler, für die Bilanz- und Krisensituation der Midlife Zeit um die 40 beschrieben hat, vielleicht noch eindringlicher: die Fähigkeit zur »konstruktiven Resignation – constructive resignation« angesichts der Konfrontation mit unserer Endlichkeit und dem Auftauchen des Todes, auch real im näheren und weiteren eigenen Umfeld (Jaques 1984). Konstruktive Resignation ist notwendig gegenüber den eigenen Unzulänglichkeiten und Grenzen und der Begrenztheit der eigenen Möglichkeiten. Ebenso wie Trauer um die Heimat der Kindheit und um das, was nicht mehr geht, und auch das, was gescheitert ist. Der Begriff konstruktive Resignation markiert auch ein Paradoxon – gerade dieses konstruktive Bedauern nämlich öffnet den Weg, das *jetzt noch Mögliche* zu finden und zu realisieren.

So kann ich noch, jedes Jahr einmal, den sechs Kilometer langen M. Heidegger Rundweg um das Hochtal auf dem Todtnauberg gehen, auch wenn ich dann wenige Tage später wieder in meine zweite rheinische Heimat, nach Köln, zurückkehre.

Literatur

Bausinger H (1990) Heimat in einer offenen Gesellschaft. In: Bundeszentrale für politische Bildung (Hg) Heimat. Analysen, Themen, Perspektiven. Bonn, 76–90.

Bohleber W (2012) Was Psychoanalyse heute leistet? Stuttgart (Klett Cotta).

Bollas C (1999) The mystery of things. New York (Routledge) 167–180.

Freud S (1926) Hemmung, Symptom und Angst. GW 14. Frankfurt (Fischer) 111–205.

Gumbrecht HU (2004) Diesseits der Hermeneutik. Frankfurt (Suhrkamp).

Gumbrecht HU (2012) Präsenz. Frankfurt (Suhrkamp).

Gurevich H (2008) The language of absence. I J Psychoanal 89: 561–578.

Heidegger (1927) Sein und Zeit. Gesamtausgabe Band 2. Frankfurt (Klostermann).

Heisenberg W (1926) Über den anschaulichen Inhalt der quantentheoretischen Kinematik und Mechanik. Z Physik 43(3): 172–198.

Hohage R (2001) Adoleszente Position und Erotik. Vortrag im Institut für Psychoanalyse und Psychotherapie Hannover (DPG).

Hogrebe W (2009) Riskante Lebensnähe. Die szenische Existenz des Menschen. Berlin (Akademie Verlag).

Janosch (1978/2004) O wie schön ist Panama. Weinheim, Basel (Beltz).

Jaques E (1984) Death and the Midlife Crisis. In: Kets de Vries (ed) The Irrational Executive. N. Y. (Intern. Universities Press).

Joisten K (2003) Philosophie der Heimat – Heimat der Philosophie. Berlin (Akademie Verlag).

Klüwer R (2001) Szene, Handlungsdialog (enactment) und Verstehen. In: Bohleber W, Drews S (Hg) Die Gegenwart der Psychoanalyse – Psychoanalyse der Gegenwart. Suttgart (Klett Cotta).

Köstlin K (2010) Heimat denken. In: Seifert M (Hg) Zwischen Emotion und Kalkül. Heimat als Argument im Prozess der Moderne. Leipzig (Leipziger Universitätsverlag) 23–40.

Oliner M (2008) Die Psychoanalyse: ein Zimmer ohne Aussicht? Psyche 62(11): 1122–1147.

Pascal B (1988) Größe und Elend des Menschen. Frankfurt (Insel).

Plichthofer D (2008) Spielräume des Erlebens. Performanz und Verwandlung in der Psychoanalyse. Giessen (Psychosozial).

Puget J (2004) Intersubjektivität. Krise der Repräsentation. Psyche 58: 914–934.

Reitz E (2007) Heimat ist keine heile Welt. Der blaue Reiter Journal für Philosophie 23: 18–24.

Reusch E (2007) Editorial. Der blaue Reiter. Journal für Philosophie 23: 42–52.

Schäfer P (2003) Der Triumph der reinen Geistigkeit. Berlin, Wien (Philo).

Scharff JM (2010) Die leibliche Dimension in der Psychoanalyse. Frankfurt (Brandes u. Aspel).

Sebald W (2001) Literatur und Luftkrieg. Frankfurt (Fischer).

Türcke C (2006) Heimat. Eine Rehabilitierung. Springe (zu Klampen).

Will H (2012) Die Suche nach Darstellbarkeit. Psyche 66: 289–309.

Korrespondenzadresse:
Dr. Manfred G. Schmidt
Wüllnerstraße 125
50931 Köln
E-Mail: drmgschmidt@web.de

Der erste Comic über Alzheimer

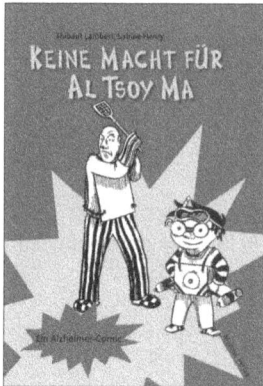

Tom erlebt mit seinem Opa viele Weltraum-Abenteuer. Irgendwann fängt Opa an, sich merkwürdig zu benehmen. Toms Eltern sagen, dass Al Tsoy Ma daran schuld sei. Dieser Al Tsoy Ma muss ein ziemlicher Fiesling sein. Als Opa nicht länger zuhause leben kann, nimmt Tom all seinen Mut zusammen: Er will Opa aus den Fängen des Unholds befreien ... Mit viel Witz, Charme und Action beschreibt dieser Comic Alzheimer - aus der Perspektive eines Kindes. Die Geschichte macht klar: Auch ein Opa mit Demenz ist ein „richtiger" Opa. Ein kurzer Erklärungsteil rundet das Buch ab.

Thibaut Lambert, Sabine Henry
Keine Macht für Al Tsoy Ma
Ein Alzheimer-Comic
56 Seiten, 16,90 Euro
ISBN 978-3-86321-110-3

Thibaut Lambert arbeitet als Schriftsteller und Künstler in Belgien. Seine Freundin arbeitet in einem Altenpflegeheim. Ihre Berichte brachten ihn auf die Idee, einen Comic über Alzheimer zu zeichnen.

Sabine Henry, Präsidentin der Ligue Alzheimer A.S.B.L. und langjährige Vizepräsidentin von Alzheimer Europe, griff Lamberts Idee begeistert auf.

Direkt und portofrei bestellen:
Mabuse-Buchversand
E-Mail: buchversand@mabuse-verlag.de • Tel.: 069-70 79 96-16
Fax: 069-704152 • Kasseler Str. 1a • 60486 Frankfurt a. M.
www.mabuse-verlag.de • www.facebook.com/mabuseverlag

Alter und Identität in Zeiten der Postmoderne

Meinolf Peters (Bad Hersfeld/Marburg)

Zusammenfassung

In der postmodernen, globalisierten Gesellschaft verändern sich die Lebens-
umstände und -bedingungen auch für ältere Menschen, was beispielhaft
an der Auflösung dörflicher Strukturen deutlich wird. Dadurch rückt der
Begriff der Identität mehr in den Vordergrund. Der Identitätsbegriff von
Erikson scheint aber zu eng und zu starr, als dass er geeignet wäre, Identität
Älterer in der heutigen Zeit zu beschreiben. Die postmoderne Gesellschaft
bringt eine problematische Form der Altersidentität hervor, die als Maske
des Alters beschrieben wird. Die gewonnene Freiheit kann aber auch genutzt
werden, sich das Alter auf aktive Weise anzueignen. Der Beitrag schließt ab
mit einigen Modifikationen, die Joan Erikson im hohen Alter an der Theorie
ihres Mannes vorgenommen hat.

Stichworte: Alter, Identität, postmoderne Gesellschaft

Abstract: Age and identity in postmodern times

In the post-modern globalized society, the circumstances of life and conditions
change for older people, which is clearly an example of the dissolution of
village structures. Thus, the notion of identity is moving more into the fore-
ground. The concept of Erikson's identity seems too narrow and too rigid, as
he would be appropriate for describing identity for the elderly nowadays. The
postmodern society brings forth a problematic form of age identity, which is
described as a mask of old age. The newfound freedom can also be used to
acquire the age in an active way. The article concludes with some modifications
which Joan Erikson has made in her old age at the theory of her husband.

Key words: older people, identity, post-modernity

Wo finde ich Heimat?

An den Anfang stelle ich das Buch des Redakteurs der Süddeutschen Zeitung Klaus Brill *Deutsche Eiche – Made in China* (Brill 2009). Er schildert darin, wie er wieder einmal sein Heimatdorf besuchte und sich eines morgens auf den Weg machte, es mit anderen Augen zu erkunden. Früh morgens brach er auf, um zunächst von einer Anhöhe aus den Blick über das Dorf und die es umgebende Landschaft schweifen zu lassen, dann durch die Straßen und Gassen zu streifen, ihm bekannte Orte aufzusuchen und Menschen zu treffen, um sie danach zu befragen, was sich in all den Jahren verändert hat. Und bald fand er in Gesprächen bestätigt, was er erwartet hatte: Vieles hatte sich verändert, Geschäfte waren geschlossen worden, Vereine geschrumpft, Wirtshäuser verschwunden, also Orte der Begegnung, des Erzählens, des Diskutierens, sie alle waren kaum noch vorhanden. Damit hatte sich das mehr und mehr aufgelöst, was das Dorfleben wesentlich ausmacht, nämlich die Möglichkeit der direkten und vielfältigen Kontaktaufnahme. Stattdessen waren die neuen ›Un-Orte‹ als Ausprägungen der Postmoderne und der Globalisierung entstanden, also Tankstellen, Einkaufszentren, andernorts Parkhäuser oder Flughäfen, also Durchgangsstationen, die keinem konkreten Raum und keiner spezifischen Kultur mehr zugehören, sondern weltweit verbreitet sind und sich alle gleichen (Brill 2009, 50). Das Dorf als Inbegriff von Verwurzeltsein, von Zugehörigkeit, ja von Heimat, hat sich in seiner bisherigen Form aufgelöst, Dörfer sind heute nicht mehr geschlossene kleine Welten mit fester Ordnung und klaren Lebensformen, sondern erodieren im Zuge des globalen Wandels.

Aber dennoch, geht nicht das Leben einfach weiter, zumal das der Alten, bleiben sie davon nicht unberührt? Brill schildert, wie er bei seinem Erkundungsgang am Nachmittag zu einem Geburtstagskaffee eingeladen wird. Dort treffen mehrere Großmütter und Großväter, alle über 70, zusammen und nun kreist das Gespräch um die Themen Wetter, Essen, die Krankheiten, die Häuserpreise und anderes mehr; auch der neueste Klatsch aus dem Dorf kommt nicht zu kurz. Also alles beim Alten, hat es diese Art von Gesprächen nicht immer schon gegeben? Doch dann kam die Sprache auf die Söhne und Töchter, die Enkel und Enkelinnen. Der eine berichtet von seinem Sohn, der als Maschinenbauingenieur schon seit Jahren in Asien tätig ist, und Erich und Irene erzählen von ihrem Enkel Christian, der neulich zu Irenes 80. Geburtstag unverhofft aus Dubai angeflogen kam, wo er für einen deutschen

Konzern tätig ist und Freunde und Verwandte in der Heimat per E-Mail mit Berichten aus Arabien versorgt. Und Maria, gerade 86 geworden, erzählt von ihrem Enkel Andreas, der ein Praktikum in China absolvierte. Plötzlich ist der Kaffeeklatsch in eine andere Dimension hinüber geglitten, und die Globalisierung hat Einzug in die kleine Runde gehalten. Die Alten nehmen diese Geschichten auf und sind stolz darauf, und indem andere Lebensweisen und Lebensvorstellungen ins Dorf getragen werden, weitet sich die Enge des Dorfes, und auch die Alten können sich dem nicht völlig entziehen. Und doch scheint immer wieder auch ein Bedauern durch, ein Gefühl von Wehmut, von Sehnsucht nach der verlorenen Zeit, also jenen Gefühlen, die man wohl erst im Alter wirklich erfahren kann. In den Alten spiegelt sich der Bruch zwischen Moderne und Postmoderne.

Die Alten sind diejenigen, die noch für eine andere Welt stehen, für die Moderne, die feste Formen hatte, die Kontinuität aufwies und in der man sich noch vergleichsweise einfach orientieren konnte. Doch was früher die Regel war, wird jetzt zur Ausnahme: dass beispielsweise ein Familienwohnsitz von Generation zu Generation vererbt wird, dass eines der Kinder das Haus übernimmt und die Geschwister ausbezahlt. Heute ergibt sich meist eine andere Situation: In der Familie ist der Mann schon gestorben, die Frau lebt nun allein im großen Haus in der Ortsmitte, die Kinder haben am Dorfrand neu gebaut oder sind fortgezogen. Stirbt nun die Mutter auch noch, dann wird das Haus verkauft – oft an Auswärtige, falls es überhaupt weggeht. Die Dorfkerne veröden; schon 2002 waren nach einer Erhebung des Mikrozensus 9,8 % aller Wohnungen in den ländlichen Kreisen Deutschlands ungenutzt.

In der Postmoderne verlieren sich die festen Formen immer mehr, das Stabile, das, was Einbettung, Orientierung und Halt verschaffte, löst sich zunehmend auf. Waren die Menschen in der Moderne Pilger, die einen umfassenden Lebensplan verfolgten, dem sie tagtäglich ein Stückchen näher kamen, so der Soziologe Z. Baumann (1994), so werden sie in der Postmoderne zu Nomaden, ständig auf der Suche nach neuen Erlebnissen und nach Identität, die immer nur vorbehaltlich zu finden ist. Wie aber altert man als Nomade? Das Individuum ist zwar in die Freiheit entlassen, muss das soziale Gewebe jedoch in Heimarbeit selbst herstellen. Es gibt kein Schaltzentrum der Macht mehr, die Strukturen sind flüchtig, die Freiheit beliebig, so Baumann: » *Vor einem Vierteljahrhundert noch war die Vergangenheit bekannt, die Zukunft vorhersagbar und die Gegenwart veränderte sich in einem Schrittmaß, das verstanden werden konnte. [...] Heute ist die Vergangenheit nicht immer das, was man von ihr angenommen hatte, die Zukunft ist nicht mehr vorhersehbar und die Gegenwart ändert sich wie nie zuvor«* (Gelatt 1989, 252). Noch einmal: Wie kann man da altern? Oder droht in einer solchen Situation die Orientierungslosigkeit, der Sinnverlust, die Identitätskrise? Die Literaturwissenschaftlerin H. Schlaffer (2003) beschreibt in ihrem Buch »Das Alter. Ein Traum von Jugend« mit süffisant-ironischem Unterton ältere Ehepaare als jene, die nicht nur viel reisen, sondern auch in ihren Heimatstädten gern konsumieren, gemeinsam frühstücken, einkaufen, ein kleines Mittagessen einnehmen und der ganzen Welt das Schauspiel ihres nachsommerlichen Einverständnisses bieten. Dabei treten sie gern im Gänsemarsch auf, die Frau leitet die Entdeckungsreise in die Stadt, der Mann folgt, gutwillig, entspannt – und ein wenig verlegen. Der erfolgreiche Geschäftsmann sei zum Ladendiener seiner Frau geworden, so Schlaffer. Doch was suchen sie, wohin streben sie? Sie eilen in die Stadt, dem Zentrum der Jugend, des Konsums, also dorthin, wo die Erlebnisgesellschaft mit ihren Angeboten lockt. Aber ist dort neue Identität, neuer Lebenssinn zu finden? Und wo bleibt dabei das Alter, kann es in dieser neuen Welt der Postmoderne einen Platz finden, oder sind sie nicht vielmehr gezwungen, sich alterslos zu präsentieren, um dazu zu gehören? In der dörflichen Enge war auch das Altern Teil eines natürlichen Prozesses, auch wenn sich das Leben immer mehr begrenzte und eher am Rande abspielte, so hatten die Alten doch auch ihren festen Platz darin. Diese Enge hat sich geöffnet, doch wohin und wozu, das bleibt die offene Frage.

Was ist Identität?

Angesichts dieser Entwicklungen in der heutigen Zeit wird der Identitätsbegriff auch in der Psychotherapie immer wichtiger (Seiffge-Krenke 2012). Als einer der ersten hatte E.H. Erikson (1973) dem Begriff der Identität einen zentralen Platz in seinem Entwicklungsmodell zugewiesen, wobei er die Zeit der Adoleszenz als die eigentliche Phase der Identitätsbildung ansah. Als Bestandteil einer stabilen Persönlichkeit sah er diese durch Kohärenz und Kontinuität gekennzeichnet.

Erikson nun war auch derjenige, der erstmals den Zusammenhang zum Alter herstellte, das er in seinem Entwicklungsmodell mit der Polarität Ich-Integrität versus Verzweiflung beschrieb. Als Entwicklungsziel sah Erikson (1973, 119) die Ich-Integrität, die er als Annahme des einen und einzigen Lebenszyklus und der Menschen, die in ihm notwendig da sein mussten und durch keine anderen ersetzt werden können. Diese bedeute *»eine neue, andere Liebe zu den Eltern, frei von dem Wunsch, sie möchten anders gewesen sein, als sie waren, und die Bejahung der Tatsache, dass* *man für das eigene Leben allein verantwortlich ist«* (Erikson 1973, 119). Ich-Integrität könne schließlich auch zu Weisheit führen, dem eigentlichen Entwicklungsziel im Alter. Als Gegenpol beschrieb er das Gefühl der Verzweiflung, in dem der Ältere damit hadert, dass die Zeit zu kurz ist, um ein neues Leben zu beginnen.

Heute stellt sich allerdings die Frage, ob das Modell von Erikson noch zeitgemäß ist angesichts der oben beschriebenen Veränderungen in der Gegenwartsgesellschaft. Man könnte die Eriksonsche Theorie als eine typische Theorie der Moderne bezeichnen, weil sie noch von einem Glauben an die Zukunft, von der Vorstellung eines Projektes getragen ist. Identität ist hier etwas, das vom Erdgeschoß ausgehend zu errichten ist und dann von Stufe zu Stufe, von Stockwerk zu Stockwerk wächst (Baumann 1994). Die Adoleszenz war nach Erikson der Lebensabschnitt, in dem Identität eine feste Form erhielt, die dann über das Leben hinweg mehr oder weniger konstant war, getragen von festen Bindungen, Strukturen und Traditionen. Die Theoretiker der Postmoderne konstatieren nun einen Wandel, den sie als Verflüssigung der Gesellschaft beschreiben, die mehr und mehr zur Multioptionsgesellschaft wird. Der Sozialpsychologe Heiner Keupp hat dies im deutschen Sprachraum am pointiertesten getan, indem er immer wieder herausgearbeitet hat, dass heute eine fortwährende Identitätsarbeit erforderlich ist, um mit immer neuen Anforderungen und Brüchen fertig zu werden. Der Mensch steht mehr denn je vor der Aufgabe der Selbstorganisation und der Selbsteinbettung (Keupp 2004).

Damit entwirft Keupp eine Form der Identität, die mit dem Eriksonschen Begriff kaum mehr zu vereinbaren ist. Die Notwendigkeit, offenere Formen der Identität zu entwickeln, um heutigen Anforderungen entsprechen zu können, wird in seinem Modell nicht thematisiert. Und auch das Alter wird bei Erikson beschrieben, als gelte es, einen Endpunkt von Entwicklung zu erreichen, im besten Fall einen Zustand von Ich-Integrität, was gewissermaßen eine Abrundung und Vervollkommnung von Entwicklung beschreibt. In einer Kritik an Erikson hat der Theologe H. Luther (1992) diese Position kritisiert und darauf hingewiesen, dass Identität immer nur als Fragment denkbar ist, d.h. immer auch das Unvollständige, das Unabgeschlossene mitgedacht werden sollte. Es hat in der Folgezeit Weiterentwicklungen des Eriksonschen Modells gegeben, beispielsweise von Marcia (1993), der vier Formen von Identität beschrieben hat, oder von Tornstam (1996), der die Gerotranszendenz als neunte Stufe der Entwicklung für das hohe Alter beschrieben hat. Doch die Probleme mit einem allzu statischen Konzept konnten damit nicht gelöst werden, und auch von psychologischer Seite nimmt die Kritik an Erikson zu (Lomranz 1998).

Wir können heute davon ausgehen, dass sich das Alter aus konventionellen Vorstellungen gelöst hat, dass negative Altersstereotyp hat an Bedeutung verloren. Ältere finden heute neue Lebensoptionen vor, das Alter ist offener und vielfältiger geworden. Ich möchte im Folgenden auf zwei Aspekte dieser Entwicklung hinweisen, die im Hinblick auf die Identitätsentwicklung im Alter in Zeiten der Postmoderne von besonderer Bedeutung sein könnten.

Das alterslose Selbst und die Maske des Alters

Das Alter wird in der gegenwärtigen Epoche neu verhandelt. Wir sehen uns einer Inflationierung des Alters gegenüber, kaum ein Thema wird heute derart ausgiebig behandelt. Nimmt man die mediale Darstellung des Alters zum Maßstab, dann wird im *Spiegel*, in *Brigitte* oder in der *Apotheken Rundschau* ein völlig neues Bild des Alters gezeichnet: Die Gesellschaft nimmt Abschied von der ›Knuddeloma‹-Vorstellung, der gütig lächelnden Großmutter mit weißem Haarkranz (Spiegel online 2008). Stattdessen werden die blühenden Landschaften des Alters gepriesen (van Dyk et al. 2010), die 60-Jährigen sind die neuen 40-Jährigen, so die Botschaft. Der Spiegel formuliert 2007 (Spiegel 51/2007), der Staat könne es sich nicht länger leisten, seine Leute mit 65 zum Blumengießen in den Garten zu schicken. Mehr wissenschaftlich unterfüttert hat ein Potenzialdiskurs begonnen, in dem es im Kern darum geht, die Ressourcen der Älteren gesellschaftlich nutzbringend zu mobilisieren. Dabei wird unterstellt, dass es auch um die Interessen der Älteren selbst geht, angenommen wird eine win-win-Situation. In der sozialen Mitverantwortung komme das neue, junge Alter quasi zu sich selbst (van Dyk et al. 2010). Dass es auch um eine gesellschaftliche Instrumentalisierung geht, wird spätestens dann deutlich, wenn man bedenkt, dass wir auf einen dramatischen Arbeitskräftemangel zusteuern und die älteren Arbeitnehmer als Arbeitskräfte in Zukunft dringend gebraucht werden.

Auch im Rahmen des bürgerschaftlichen Engagements erbringen die Älteren gesellschaftliche Aufgaben, die ansonsten kaum mehr wahrgenommen werden, sodass sie bereits als die ›Retter des Sozialen‹ (Aner et al. 2007) belobigt werden. Nicht zuletzt trägt auch der sich abzeichnende Pflegenotstand dazu bei, dass die jungen Alten dringend gebraucht werden.

Was aber sind die psychologischen Folgen eines solchen gesellschaftlichen Wandlungsprozesses? Was bedeutet es, wenn die Normen der mittleren Lebensphase zu allgemeinen Normen erhoben werden, unter die auch das junge Alter subsumiert wird? Ist damit tatsächlich eine Aufwertung des Alters verbunden, eine Befreiung aus den ›*Fesseln des chronologischen*

Alters (Featherstone u. Hepworth 2009) wie manchmal behauptet wird, oder handelt es sich nicht eigentlich um eine implizite Abwertung des Alters. Im englischsprachigen Raum gibt es erste Arbeiten, die in dem Zwang zur Alterslosigkeit eine ganz neue Form des ageism sehen (Andrews 1999). Die psychologische Wirkung wird im Konzept der Maske des Alters beschrieben. Dabei wird von einem alterslosen Selbst ausgegangen, d.h. es wird angenommen, dass sich der Mensch in seinem Kern immer gleich sieht und erlebt und auch das Alter daran nichts verändert. Diese These hatte der Gerontologe Kaufmann 1986 eingeführt und in einem Buch dargelegt, das in der Gerontologie eine nachhaltige Wirkung hatte. Er schrieb: *»Die von mir untersuchten älteren Amerikaner sehen im Altern an sich keine Bedeutung; für sie liegt Bedeutung eher darin, im Alter sie selbst zu sein [...]. Wenn ältere Menschen über sich sprechen, so geben sie dem Gefühl eines alterslosen Selbst Ausdruck – dem Gefühl einer Identität, die trotz der physischen und sozialen Veränderungen, die mit dem Alter einhergehen, Kontinuität aufweist«* (Kaufmann 1986, 6f). Diese Sichtweise ist aufgrund des heutigen Wandels des Alters aktueller denn je. Es wird Kontinuität postuliert, die im Alter zu Wohlbefinden führe. Dort, wo Kontinuität nicht gegeben ist, soll sie durch Lebensrückblick hergestellt werden.

Damit aber entsteht eine für modernisierte Gesellschaften kennzeichnende inhärente Spannung zwischen dem subjektiven Selbst und der äußeren biologischen Rückbildung (Biggs 2003, 2004, Schröter 2008). In einer Gesellschaft, in der die Tendenz sichtbar wird, die eigene Identität über den Körper auszudrücken, wird im Alter eine Haltung verstärkt, sich von seinem alternden Körper zu entfremden. Damit aber entsteht auch eine Spannung zwischen subjektivem und kalendarischem Alter, die mit zunehmendem Alter immer größer wird (Öberg 2009). Indem die Veränderungen des Körpers gewissermaßen dissoziiert nicht als zur eigenen Person gehörig erlebt werden, wird der alternde Körper als täuschende Maske empfunden. Das Konzept der Maske des Alters thematisiert diese postmoderne Form des Alterns, in dem der Körper zu etwas Unsichtbarem, Untergeordneten, im Grunde zu etwas Pathologischem wird, das es zu behandeln gilt.

Öberg (2009) hat ein Experiment durchgeführt, indem er ältere Menschen in den Spiegel sehen ließ und sie aufforderte zu erzählen, was sie dort sehen. Ein 83-jähriger Mann kommentierte das Gesehene wie folgt: *»Wenn Du Dich selbst auf einer Fotographie oder in einem Film siehst, dann bist Du überrascht, dass Du im Alter so elend aussiehst [...]. Du willst Dich kaum auf einer Photographie wieder erkennen [...]. Ich frage mich, ob irgendjemand froh ist, sich selbst zu sehen«* (Öberg 2009, 152). Der Körper wird hier wie ein unzuverlässiger Alliierter empfunden, der einen Verrat begeht, von dem man sich distanziert, damit das alterslose Selbst unbeschädigt bleibt. Damit kann zweifellos auch die positive Wirkung eines Schutzes vor einem negativen Altersstereotyp verknüpft sein. Das Problem eines solchen Identitätsentwurfs liegt jedoch auf der Hand: Es wird ein Altern ohne Alter postuliert, das Nicht-Altern wird zur persönlichen Wahl, das Altern zum persönlichen Versagen. Und Öberg äußert die Vermutung, dass die Körpernähe den niedrigen Status von Pflegearbeit erklären könne.

Identität als Prozess der Aneignung des Alters

In den Geschichten des Herrn Keuner von B. Brecht findet sich folgende Episode: »*Ein Mann, der Herrn K. lange nicht gesehen hatte, begrüßte ihn mit den Worten: ›Sie haben sich gar nicht verändert.‹ ›Oh‹, sagte Herr K., und erbleichte.*« Welche psychologischen Folgen sind also zu erwarten, wenn sich das Selbst und die Identität im Alter nicht mitentwickeln, sondern zum Stillstand kommt? Und was geschieht, wenn die Einschränkungen des hohen Alters näher rücken? Soziologen konstatieren bereits eine ganz neue Form des Generationenkonfliktes, nämlich den zwischen den jungen und den alten Alten, den gesellschaftlich zunehmend anerkannten und integrierten Alten und den betagten, eher gebrechlichen und abhängigen Alten (Peters 2009, 2010).

Wie aber könnte ein anderer Weg ins Alter aussehen, der die konventionellen Altersbilder abstreift, ohne in den Fängen der Normen des mittleren Lebensalters gefangen zu bleiben. Der Weg kann nur über eine reflexive Auseinandersetzung mit dem Alter führen, wir müssen gewissermaßen durch es hindurch, um eine annehmende, authentische Haltung dem Alter gegenüber zu gewinnen, was als Prozess der Aneignung des Alters beschrieben werden kann. Der Begriff der Aneignung ist ein psychologisch wenig etablierter Begriff, der aber in der Philosophie gut definiert ist (Jaeggi 2005). Dabei sind Entfremdung und Aneignung als komplementäre Prozesse zu verstehen, die in einem dialektischen Verhältnis zueinander stehen. Der Aneignende und das Anzueignende beeinflussen sich wechselseitig, ohne dass notwendigerweise eine Integration oder Aussöhnung erfolgen müsste. Vielmehr handelt es sich um einen Prozess, der nicht zu einem Abschluss kommt, nicht auf einen Endzustand hinsteuert, sondern voll Spannungen, Widersprüchen und Konflikten bleibt; die Ambivalenz des Alters ist nicht auflösbar.

Dass Altern zu Entfremdungserlebnissen führt, hat keiner eindringlicher beschrieben als Jean Améry: »*Seit einigen Wochen bemerkt A., wenn sie morgens bei der Toilette vor dem Spiegel steht, an den Augenlidern kleine gelbliche Hautknötchen, die ihr weiter keine Beschwerden verursachen, beim Abtasten nicht schmerzen, offensichtlich als harmlos ermessen werden können, nur einfach da sind, nicht einmal besonders hässlich, entstellend nur in sehr beschränktem Maße, von den anderen erst wahrzunehmen nach ausdrücklichem Hinweis, die aber ihr, A., zu mancher Beunruhigung, die sich da einstellt in den letzten Jahren, eine neue, nicht panische, doch auf feinsägende Weise peinigende zufügen [...]. Also, die Fünfzigerin, die sich der gelben Verschandelung wegen ohne rechten Humor Xanthippe nennt, übt sich vor dem Spiegel im Geschäft des Sichbedenkens und der Erhellung des dunklen Tatbestandes von Selbstverfremdung und gleichzeitigem Selbstgewinn«* (Améry 1968, 38).

Eine solche Beobachtung, wie Améry sie beschreibt, kennt wohl jeder, der ein bestimmtes Alter überschritten hat. Entscheidend ist nun, was mit dieser Beobachtung geschieht, ob sie als Verrat des Körpers erlebt und der Körper abgespalten wird, oder ob der Kontakt zum Körper erhalten bleibt. Noch einmal eine von Öberg (2009, S. 154) interviewte ältere Frau, 77 Jahre alt: *»Für Frauen ist diese ganze Sache mit dem Aussehen vielleicht wichtiger. Und dann denkst Du, besonders morgens, meine Güte, ich bin nicht mehr hübsch. Aber ich muss sagen, es ist nicht so wichtig. Für die schönen Menschen – ich war nicht schön – aber diese schönen Menschen, mir ist aufgefallen, dass sie sich das Gesicht liften lassen und so. Ich sage meistens, dass ich lieber für eine tolle Beerdigung spare, als mein Gesicht liften zu lassen. Ich meine, es ist schwieriger für sie, wenn sie sich verändern [...]. Ich sehe keine Bitterkeit in meinem Gesicht. Viele von ihnen werden so, sie sehen bitter aus. Für mich ist es immer noch leicht zu lachen.«*

Damit aber beginnt eine Phase, die – unter Rückgriff auf einen Begriff von Lacan – als Spiegelphase des Alters bezeichnet werden könnte (Woodword 1988). Wir sehen uns ständig in Spiegeln, so wie es Améry beschreibt, morgens im Bad, beim Friseur und anderswo, vor allem aber im Spiegel der Augen anderer. In den körperlichen Veränderungen liegt aber nur eine Quelle von Alterserfahrungen, andere liegen in zeitbezogenen oder sozialen Erfahrungen (Améry 1968), die den Älteren immer wieder dazu veranlassen können, die Alterserscheinungen zu verbergen und ein altersloses Selbst zu präsentieren. Doch beide Erfahrungsbereiche können ebenso einen Prozess der Aneignung in Gang setzen, der einerseits das Selbst verändert, das dann keineswegs vom Alter unberührt bleibt, ohne allerdings, dass es ein gänzlich anderes wird. Auf der anderen Seite gewinnt das Alter im Zuge eines solchen reflexiven Prozesses eine persönliche Bedeutung und eine individuelle Gestalt, und es besteht die Chance, dass daraus eine authentische Identität erwächst, ohne dass diese sich durch eine Abgeschlossenheit oder Ganzheitlichkeit auszeichnen müsste.

Um einen solchen Prozess etwas anschaulicher zu machen, sei ein kurzes Beispiel angeführt. Eine 84-jährige, sehr gebildete Patientin befand sich in einer depressiven Krise nach dem Tod ihres Mannes. Nach mehreren Stürzen war ihr die Gangunsicherheit deutlich anzumerken, immer wieder versuchte sie beim Gehen, Halt zu finden und sich an der Wand abzustützen. Doch sie weigerte sich, einen Rollator zu benutzen, vielmehr hatte sie sich zum Ziel gesetzt, wieder völlig allein laufen zu können, und daran hielt sie verbissen fest.

Eine andere, einfach strukturierte, aber lebenskluge 75-jährige Patientin hatte ebenfalls eine erhebliche Gangunsicherheit bemerkt und war mehrfach gestürzt. Sie aber fand einen anderen Umgang mit dieser Einschränkung und sagte sich: »*Jetzt muss ich eben mehr mit dem Kopf laufen.*« Dies schien mir eine bemerkenswerte Aussage zu sein, bringt sie doch zweierlei zum Ausdruck: Zum einen die Anerkennung der Einschränkung, mit der sie nunmehr zunächst wird leben müssen, zum anderen deren Überschreitung. Es sind mithin nicht die großen Erlebnisse oder Sinnantworten, die die Identitätsbildung im Alter vorantreiben können, sondern die alltäglichen Erfahrungen, die unmittelbaren Erlebnisse und die kleinen Dinge des Lebens.

Auch der Philosoph Odo Marquardt (1986) plädiert für die kleinen Dinge, für die zweitbeste Möglichkeit, wie er sagt. Wir hätten heutzutage überzogene Erwartungen, wenn wir immerzu nach neuen Glücksmomenten Ausschau hielten. Wir seien getrieben von der Sehnsucht nach dem gemütsbewegenden Supersinn, beherrscht von der trunkenen Sehnsucht nach dem sensationellen Sinn. Schließlich wirft er die Frage auf, ob wir, um Lebenssinn zu empfinden, tatsächlich die großen Sonntagsgefühle brauchen – die Ekstase, die Hochgestimmtheit, die Erfüllungsverzückung –, um darauf selbst die Antwort zu geben, dass diese allenfalls Zugaben seien, dankbar in Kauf zu nehmen, wenn sie nicht allzu sehr stören, aber, so seine Quintessenz, es auch ohne sie gehe. Geht es auch im Alter ohne sie, ja ist der Verzicht darauf vielleicht sogar Voraussetzung dafür, Lebenssinn und Identität im Alter zu finden?

Was bleibt von E. H. Erikson?

In der Gegenwartsgesellschaft erleben wir eine Öffnung und Neuverhandlung des Alters. Doch was machen die Älteren daraus? Das alterslose Selbst ist ein Weg, die Veränderungen des Alters als etwas zu erleben, das nicht zur Person gehört. Damit aber wird die ›komplexe Wahrheit des Alters‹, von der S. de Beauvoir (1970) einmal sprach, ausgeblendet, d. h. das Alter als neue Erfahrungsdimension bleibt ungenutzt. Ein anderer Weg ist der der Aneignung des

Alters, der eine mehr individuelle Identität im Alter zu schaffen vermag. Dabei entsteht keineswegs ein anderes Selbst, vielmehr weist dieses ein hohes Maß an Kontinuität auf, aber ihm wird im Alter etwas hinzugefügt. Damit wird aber zugleich ein Identitätsbegriff erforderlich, der mehr Offenheit verlangt, so wie sie die postmoderne Gesellschaft hervorbringt.

Was bleibt vor diesem Hintergrund nun von Erikson? Ist seine Theorie überholt, können wir sie ad acta legen? Nicht ganz, jedenfalls dann, wenn wir seine Frau einbeziehen, die schon sein letztes großes Werk mit dem Titel *Vital Involvement* – das nicht ins Deutsche übersetzt wurde – mit ihm zusammen geschrieben hatte (Erikson u. Erikson 1986). Sie hat nach seinem Tod in den späten 1990er Jahren einen Aufsatz geschrieben, in dem sie sich noch einmal mit dem Werk ihres Mannes auseinandersetzt und einige bemerkenswerte Überlegungen hinzufügt.

Joan Erikson (1997) bringt, selbst im betagten Alter angekommen, in persönlicher, unverblümt offener Weise zum Ausdruck, was das hohe Alter mit ihr gemacht hat. Im Rückblick betrachtet sie kritisch den Optimismus, der der Theorie ihres Mannes zugrunde lag. Nun schreibt sie: »*Mit neunzig wachten wir sozusagen auf fremdem Gebiet auf. Welchen Vorwarnungen wir auch immer vorher begegneten, wir taten sie ab als komisch und sogar lustig*« (Erikson u. Erikson 1997). Sie reduziert nun den Begriff der Integrität auf seine Wortwurzel zurück als »*Kon-takt, intakt, taktil, spürbar, berührbar*«. Damit war Integrität etwas Fassbares, etwas Leibliches geworden, etwas, das Kontakt zur Welt schafft. Und schließlich definiert sie diesen hehren Begriff als die schlichte Tendenz, angesichts der altersbedingten Desintegration als Folge des physischen, geistigen und sozialen Abbaus die Dinge zusammen-zuhalten. Schließlich befasst sie sich mit dem Begriff der Transzendenz, der in der Theorie Eriksons enthalten ist und ebenfalls einer dieser Großbegriffe darstellt, die das Alter zu etwas Höherem umdeuten. Sie fasst diesen Begriff auf eine ganz eigene Art und Weise, nämlich als Transzen-Tanz. Sie schreibt: »*Transzendenz muss nicht auf eine Erfahrung des Rückzugs beschränkt sein. Bei einer Berührung treten wir in Kontakt miteinander und mit unserem Planeten. Durch Transzen-Tanz kann man verlorene Fähigkeiten wie Spiel, Aktivität, Freude, Singen wiedergewinnen und vor allem die Angst vor dem Tod hinter sich lassen. Es bietet eine Öffnung für einen vertrauensvollen Sprung ins Unbekannte.*« Und weiter: »*Seltsamerweise erfordert dies bei uns eine ehrliche und unerschütterliche Bescheidenheit. Dies sind wunder-volle Worte, Worte, die uns zum Mitmachen anregen. Transzen-Tanz – das ist es! Und es ist Bewegung. Es ist eine Kunst, es ist lebendig, singt, macht Musik, und ich umarme mich selbst wegen der Wahrheit, die es in meine Seele flüstert*« (Erikson 1997).

Literatur

Améry J (1968) Über das Alter. Revolte und Resignation. Stuttgart (Klett-Cotta).

Andrews M (1999) The Seductiveness of Ageless. Ageing and Society 19: 301–318.

Aner K, Karl F, Roesenmayr L (Hg) (2007). Die neuen Alten – Retter des Sozialen? Wiesbaden (VS).

Biggs S (2004). Age, Gender, Narratives, and Masquerades. J Aging Studies 18: 45–58.

Brill K (2009) Deutsche Eiche – Made in China. Die Globalisierung am Beispiel eines deutschen Dorfes. München (Blessing).

Baumann Z (1994) Tod, Unsterblichkeit und andere Lebensstrategien. Frankfurt (Fischer).

Beauvoir S de (1970) Das Alter. Reinbek (Rowohlt).

Der Spiegel (2007) Altern beginnt in der Wiege. 12.

Dyk van S, Lessenich S (2010) Die ›Aufwertung‹ des Alters. Eine gesellschaftliche Farce. Mittelweg, 36(19): 15–33.

Erikson EH (1973) Identität und Lebenszyklus. Frankfurt (Suhrkamp).

Erikson EH, Erikson J, Kivnick HQ (1986) Vital Involvement in Old Age. New York.

Erikson EH, Erikson JM (1997) The Life Cycle Completed. New York.

Featherstone M, Hepworth M (2009) Die Maske des Alterns und der postmoderne Lebenslauf. In: van Dyk S, Lessenich S (Hg) Die jungen Alten. Frankfurt (Campus) 85–106.

Gelatt HB (1989) Positive Uncertainty: A new decision-making framework for counselling. J Counseling Psychology 36: 252–256.

Jaeggi R (2005) Entfremdung. Zur Aktualität eines sozialphilosophischen Problems. Frankfurt (Campus).

Kaufmann SR (1986) The Agelsee Self. Sorces of Meaning in Late Life. Madison.

Keupp H. (2004) Beratung als Förderung von Identitätsarbeit in der Spätmoderne. In: Nestmann F, Engel F, Siekendiek U (Hg) Das Handbuch der Beratung. Bd I. Tübingen (DGVT-Verlag) 469–485.

Lomranz J (1998). An Image of Aging and the Concept of Aintegration: Coping and Mental Health Implications. In: ders. (Ed) Handbook of Aging and Mental Health. New York (Plenum Press) 217–255.

Luther H (1992) Identität als Fragment. Praktisch-theologische Überlegungen zur Unabschließbarkeit von Bildungsprozessen. In: Luther H (Hg) Religion und Alltag. Bausteine zu einer Praktischen Theologie des Subjekts, Stuttgart (Verlag) 160–183.

Marcia JE (1993) The Status of the Statuses: Research Review. In: Marcia JE, Waterman AS, Matteson DR, Archer SL, OrlofskyJL (Eds) Ego Identity. A Handbook for Psychosocial Research. New York (Springer) 22–41.

Marquard O (1986) Zur Diätetik der Sinnerwartung. In: ders. (Hg) Apologie des Zufälligen. Stuttgart (Reclam) 33–54.

Öberg P (2009) Der abwesende Körper – ein sozialgerontologisches Paradoxon. In: van Dyk S, Lessenich S (Hg) Die jungen Alten. Frankfurt (Campus) 138–160.

Peters M (2004). Klinische Entwicklungspsychologie des Alters. Göttingen (Vandenhoeck & Ruprecht).

Peters M (2011) Psychodynamische Beratung Älterer – Auf der Suche nach Identität. In: Schnoor H (Hg) Psychodynamische Beratung. Göttingen (Vandenhoeck & Ruprecht) 103–117.

Schlaffer H (2003) Das Alter. Ein Traum von Jugend. Frankfurt (Suhrkamp).

Schröter KR (2008) Verwirklichungen des Alterns. In: Amann A, Kolland F (Hg) Das erzwungene Paradies des Alters? Wiesbaden (VS) 235–275.

Seiffge-Krenke I (2012) Identität. Stuttgart (Klett-Cotta).

Spiegel Online (2008) ›Fleischhaken‹ gegen den Rentnerfrust. 8.7.2008.

Tronstam L (1999) Gerotranscendence – a theory about maturing in old age. J Aging and Identity 1: 37–50.

Woodward K (1988). Der alternde Körper: Argumente und Szenen. In: Gumbrecht HU (Hg) Materialität der Kommunikation. Frankfurt (Suhrkamp) 599–614.

Korrespondenzadresse:
Prof. Dr. phil. Meinolf Peters
Klinik am Hainberg
Ludwig-Braun-Str. 32
36251 Bad Hersfeld
E-Mail: Meinolf-Peters@t-online.de

Psychosozial-Verlag

Sonja Grabowsky

»Meine Identität ist die Zerrissenheit«

»Halbjüdinnen« und »Halbjuden« im Nationalsozialismus

Fremdzuschreibungen auf Menschen prägen das Selbstbild und die Identität der Betroffenen und sind nachhaltig wirkmächtig. Die Verfolgerinnen und Verfolger der in der NS-Zeit als »halbjüdisch« klassifizierten Personen sprachen ihnen eine vollwertige Zugehörigkeit zur »deutschen Volksgemeinschaft« ab. Sie wurden aufgrund der rassistischen Klassifizierung, die sehr reale Auswirkungen auf ihr tägliches Leben hatte, in einen Zustand zwischen gesellschaftlicher Exklusion und Inklusion gebracht. Ihr Dasein »dazwischen« war auch nach 1945 keineswegs beendet und hat noch immer enorme Auswirkungen auf die Stigmatisierten. Die vorliegende Studie untersucht diese Erfahrungen des Hin- und Hergerissenseins ehemaliger »Halbjüdinnen« und »Halbjuden« und ihre individuellen Ambivalenzen, die sie bis heute prägen.

2012 · 266 Seiten · Broschur
ISBN 978-3-8379-2203-5

Walltorstr. 10 · 35390 Gießen · Tel. 0641-96 99 78-18 · Fax 0641-96 99 78-19
bestellung@psychosozial-verlag.de · www.psychosozial-verlag.de

»Ich weiß, ich werde alles wiedersehen. Und es wird alles ganz verwandelt sein ...«
Heimatlosigkeit und Heimatsehnsucht aus zeitgeschichtlicher Perspektive

Barbara Stambolis (Paderborn)

Zusammenfassung

Ein Grundempfinden tiefer Unsicherheit begleitet Menschen, die als Erwachsene, Kinder oder Jugendliche durch Krieg und Vertreibung heimatlos geworden sind und sich seither ›unbehaust‹ fühlen. Es kann zwischen Geburtsheimat und Gefühlsheimat unterschieden werden. Dabei ist das, was unter letzterer verstanden wird, während der Adoleszenz anders zu deuten als im Alter. Schriftsteller wie Carl Zuckmayer oder Peter Härtling haben ein solches Gefühl der Heimatlosigkeit ebenfalls auf den Punkt gebracht. Hoffnung und Furcht zugleich begleiten oft die späte Sehnsucht, Orte der Kindheit noch einmal aufzusuchen oder überhaupt eine Reise in die eigene Vergangenheit anzutreten. Die Ahnung, dass ein innerliches ›Nach-Hause-kommen‹ nicht möglich ist, weil die Erinnerungen mit den tatsächlichen heutigen Gegebenheiten nicht übereinstimmen, entspricht den griechischen Wurzeln des Wortes Nostalgie, die sich aus *nostos*, nach Hause zurückkehren, und *algos*, Schmerz, zusammensetzen. Eine große Gruppe ehemaliger Kriegskinder des Zweiten Weltkriegs, die z. B. den Verlust ihres Vaters und ihrer Heimat erlebt haben, beginnt seit einigen Jahren intensiv über dieses Thema für das eigene Leben nachzudenken. Es fällt ihnen oft deshalb so schwer, über Heimweh, Heimatsehnsucht und das Bedürfnis nach ›heilen Welten‹ zu sprechen, weil »Heimat« als deutsche Idee, vor allem in ihren ›tümelnden‹ Varianten über Jahrzehnte ideologisch verdächtig war.

Stichworte: Gefühlsheimat, Heimatverlust, Nostalgie, Kriegskinder im Alter, Scham, Heimatsehnsucht

Abstract: »I know I will see it all again. And it will all be completely changed …« Homelessness and desire for home from a contemporary historical perspective

People who became homeless due to war or banishment as adults, children, or adolescents are accompanied by a basic feeling of deep insecurity and of having been without a home ever since. It can be differentiated between a home defined by birth and a home defined by feeling. The latter should be interpreted differently in adolescence compared to older age. Authors like Carl Zuckmayer or Peter Härtling also put such a feeling of homelessness in a nutshell. The late desire for revisiting places of the childhood or starting the journey into the past at all are often accompanied by hope and fear at the same time. The anticipation that an »inner homecoming« may not be possible because the memories do not comply with the actual conditions of today are in accordance with the Greek roots of the word nostalgia, which consists of *nostos*, to return home, and *algos*, pain. A big group of former war children of World War II who e.g. experienced the loss of their fathers and their homes have started reflecting intensely on this topic regarding their own lives a few years ago. It is often difficult for them to talk about home sickness, a longing for home and the desire for an »idyllic world« because »home« as a German idea was ideologically suspicious for decades.

Key words: home defined by feelings, loss of home, nostalgia, war children in older age, shame, desire for home

»Elegie von Abschied und Wiederkehr«

Das Titelzitat »*Ich weiß, ich werde alles wiedersehen. Und es wird alles ganz verwandelt sein …*« stammt aus einem Gedicht Carl Zuckmayers (1896–1977) aus dem Jahre 1939, in dem er grundlegenden Gefühlen wie Sehnsucht, Melancholie, Schmerz und Trauer angesichts seines ›Heimatverlusts‹ Ausdruck verliehen hatte und das den bezeichnenden Titel »Elegie von Abschied und Wiederkehr« trägt. Zuckmayer hatte es zu Beginn des Zweiten Weltkriegs im Exil in Hollywood geschrieben. Es sollte sein letztes Gedicht für Jahre sein. Rückblickend erklärte er in seiner 1966 erschienenen Autobiografie (»Als wär's ein Stück von mir«): »*Ich schrieb es […] in einer Zeit, in der mir das ›Elend‹, in der ursprünglichen Wortbedeutung nicht anders als das Aus-Land, in das man vertrieben ist, die Fremde, das Exil, bewusst wurde, ein unabänderliches Schicksal*« (Zuckmayer 1966).

Nach dem Ende des Zweiten Weltkriegs habe sich »das Heimbegehren [...] neu beseelt, in Furcht und in Hoffnung.« Trotz verständlicher Freude mischte sich Unsicherheit in seine Erwartungen: Nackenheim und Mainz, wo er aufgewachsen war, stellten bei seiner Rückkehr 1946/47 keine »Gefühlsheimat« mehr dar. Zwar lasse sich die Bedeutung der »Geburtsheimat« nicht verleugnen, reflektierte Zuckmayer, Heimat bedeute jedoch mehr: in der Adoleszenz vielleicht die Suche nach einer ›inneren Heimat‹, d.h. nach Freundschaften, einer Gemeinschaft oder einer Aufgabe. Später habe er sich in Henndorf bei Salzburg heimisch gefühlt; er sprach sogar von einem gewissen »*sich zu Hause Fühlen*« im Exil in den USA, vor allem in der Zeit auf jener »*Farm in den grünen Bergen*«, die Alice Herdan-Zuckmayer ausführlich beschrieben hat (Herdan-Zuckmayer 1956). Ihm sei bewusst gewesen, so Zuckmayer weiter, nach den Exiljahren weder an die Orte der Kindheitsheimat noch in die einstige österreichische Heimat zurückkehren zu können: »*Du kannst nicht ins Land der Kindheit zurück [...] auch nicht in ein Land, aus dem du ausgewandert bist, [...] denn du möchtest es so finden, wie es in dir lebt, und so ist es nicht mehr.*« Er war fortan in gewisser Weise »*überall zu Besuch und nirgends zu Hause*« (Kraus 2001). In Saas-Fee im Wallis ist er 1977 gestorben. Auf seinem Grab steht ein Stein aus seiner Nackenheimer Geburtsheimat. Abschließend heißt es in seiner Autobiografie: »*Und ich weiß in der ganzen Welt meine Freunde und ihre Gräber. Wo diese sind, bin ich zu Haus. Hier und überall.*«

Ein solch vielschichtiges »*Heimbegehren*« – wie Zuckmayer formuliert hat: »*in Furcht und in Hoffnung*« – ist wohl exemplarisch für eine Empfindung, die zahlreiche Menschen beschrieben haben, welche die Jahre der nationalsozialistischen Herrschaft und des Zweiten Weltkriegs als Erwachsene erlebt hatten und die auch damalige Kinder und Jugendliche rückblickend seit einigen Jahren zunehmend beschreiben, welche in mehrfacher Hinsicht entwurzelt wurden: Sie haben ein Dach über dem Kopf, Haus und Hof, die vertraute Umgebung, ihre Geburts- oder Gefühlsheimat verloren, Orte, an denen sie sich geborgen fühlten ... Für viele kamen weitere Belastungen und Verunsicherungen hinzu: vor allem durch den Verlust von Angehörigen, nicht zuletzt des Vaters, der ›gefallen‹, vermisst, verschollen oder in Gefangenschaft unter oft ungeklärten Umständen umgekommen war und von dem sich eine ganze Reihe von ihnen nie hat verabschieden können.

Im Alter berichten zahlreiche einstige Kriegskinder des Zweiten Weltkriegs, zwischen 1930 und 1945 geboren, über ihre Unbehaustheit und Sehnsucht, Orte der Kindheit oder das Grab des Vaters finden oder noch einmal aufsuchen zu wollen. Dieses Bedürfnis ist zwiespältig, wie bei Zuckmayer von »Furcht« *und* »Hoffnung« bestimmt. Viele Betroffene ahnen, um es noch einmal deutlich mit Zuckmayer zu wiederholen: »*Ich werde alles wiedersehen.*

Und es wird alles ganz verwandelt sein ...« Denn die Orte, die sie aufsuchen möchten, sind nicht mehr so wie zu dem Zeitpunkt, als sie diese verlassen haben. Die inneren Bilder, die sich als mentale Karten in den Köpfen erhalten haben, entsprechen nicht den tatsächlichen Gegebenheiten.

Nostalgie: »nostos« und »algos«

Die Geografen Roger M. Downs und David Stea haben Erinnerungen, nicht zuletzt an Orte der Kindheit, mit mentalen Karten in Zusammenhang gebracht, die alle Menschen ›in sich tragen‹. Sie verweisen anschaulich auf einen Cartoon des bekannten Zeichners Charles Schulz, der seine Figur, den Hund Snoopy, an einen Ort zurückkehren lässt, der sich nach seinem letzten Besuch sehr verändert hat. Anstelle der Farm, die Snoopy kannte, sind Garagen getreten. Schulz lässt seine Figur in Tränen ausbrechen und sagen: *»You stupid people!! You're parking on my memories!!«*

Mit anderen Worten, und hier im Wortlaut aus den Reflexionen von Downs und Stea zitiert: *»Erinnerungen sind uns teuer, und erschreckt und beunruhigt stellen wir fest, dass Menschen, Dinge und Plätze nicht mehr das sind, was sie waren, dass die Welt, so wie wir sie in Erinnerung haben, nicht mehr besteht. Nostalgie kann uns froh und traurig stimmen, kann uns besänftigen und beunruhigen. (Vielleicht sind wir uns nicht darüber im Klaren, dass die griechischen Wurzeln dieses Wortes aus nostos, nach Hause zurückkehren, und algos, Schmerz, bestehen)«* (Downs u. Stea 1982, 18f).

PEANUTS © PEANUTS WORLDWIDE, LLC. Used by permission of Universal Uclick. All rights reserved.

Zum einen hatten viele Überlebende nach 1945 kaum Zeit, diese ›Nostalgie‹ zuzulassen, zum anderen dominierten zunächst andere, politisch-ideologische Konnotationen von ›Heimat‹ den öffentlichen Diskurs. »Heimatverlust« war z. B. ein Wahlkampfthema, die »Beheimatung« von Flüchtlingen und Vertriebenen war eines der zentralen Anliegen von Politikern, Kirchenvertretern und Vertriebenenverbänden.

»Heimat« wurde, nunmehr weitgehend der vorangegangenen Blut-und-Boden-Ideologie entkleidet, als geografischer Ort und geistiger Wert zu einem wichtigen Orientierungspunkt. Sie wurde nicht zuletzt zu einem *»Kompensationsraum, in dem die [...] Unsicherheiten des eigenen Lebens ausgeglichen«* wurden. Anstelle des *»geografischen Heimat*raumes« traten vielfach »*Heimat*träume« (Bausinger 1979, Stambolis 1998), die sich im sozialen Wohnungs- und besonders dem Eigenheimbau (auch als Adenauers Bollwerk gegen den Bolschewismus bezeichnet) ebenso niederschlugen wie in den nach 1945 florierenden Heimatvereinen oder den Heimatfilmen, die nach Kriegsende rasch an die Stelle einiger weniger sozialkritischer Leinwandproduktionen wie beispielsweise *Irgendwo in Berlin* aus dem Jahre 1946 traten.

›Heimat‹ – ›verklampft/totgeschrien/ in den Dreck gestampft‹

Jedoch geriet ›Heimat‹ dann auch zunehmend unter Verdacht: Im Zuge des gesellschaftlichen Umbruchs seit Ende der 1950er und vor allem in den 1960er Jahren setzte heftige Kritik an Heimattümelei, Heimatvereins-Meierei und ›Brauchtumspflege‹ und nicht zuletzt an Gefühlsduselei von ›Heimatmelodien‹ ein. Ähnlich wie in dem eben gezeigten Cartoon erging es offenbar Angehörigen der in den späten 1920er Jahren geborenen sog. »skeptischen Generation« (Schelsky 1957) und auch einer große Zahl der ›68er‹ (zumeist den Jahrgängen 1938 bis 1948 angehörend, Bude 1997), die z. B. eine beträchtliche Zahl von Liedern, d. h. Texten, Melodien und damit verbundenen akustischen Erinnerungen als ›kontaminiert‹ und somit als auf den ›Müllhaufen der Geschichte‹ gehörig ansahen (Stambolis u. Reulecke 2006). Die Verwendungsweisen von Heimat im 20. Jahrhundert insbesondere in Deutschland – von Heimatkunst über Heimatkultur zu Heimatpolitik – hatten die Metapher in Verruf gebracht (François u. Schulze 2001). Walter Jens hat pointiert auf den Punkt gebracht, warum sich so ohne weiteres nicht mehr von Heimat sprechen ließ. Der Begriff sei seit dem 19. Jahrhundert zunehmend verkommen, als *»verklärtes Gestern, heile Welt und Relikt ständestaatlicher Ordnung im Zeitalter der Verstädterung, Industrialisierung, Vermassung. Heimat: Ein geschichtsloser Flecken, in dessen Bannkreis die gesunden und beharrenden Kräfte, Aristokratie und Bauerntum, den revolutionären Mächten des Proletariats und der neuen Bourgeoisie zum Nutzen des deutschen Volkes widerstünden: das Gesunde dem Kranken, das kulturell Gewachsene dem Treibsand der Zivilisation, die familiäre Gemeinschaft der Anonymität der großen Städte [...]«* (Jens 1985, 15f.)

Mit ›Heimat‹ verhält es sich offenbar so wie auch mit einer großen Zahl von Volksliedern nach 1945: Nicht zuletzt im Zuge der in den 1960er Jahren verstärkt in die Kritik geratenen jüngsten deutschen Vergangenheit erwiesen sich selbst ›harmlose‹ Volkslieder als nicht mehr singbar, weil sie ideologisch vereinnahmt und politisch missbraucht worden waren. Franz Josef Degenhardt (1931–2011) besang bekanntlich in »*Wo sind die Lieder, unsre alten Lieder?*« diese kritische Auseinandersetzung mit – zeitgeschichtlich und generationell wichtigen – Liedern in pointierter Weise. Degenhardt beschreibt eine mehrfach gebrochene deutsche Liedtradition: »*Wo sind eure Lieder,/eure alten Lieder?/ fragen die aus anderen Ländern,/wenn man um Kamine sitzt,/mattgetanzt und leergesprochen/[…] Nicht für'n Heller oder Batzen/mag Feinsliebchen barfuß ziehn,/und kein schriller Schrei nach Norden/will aus meiner Kehle fliehn./Tot sind unsre Lieder,/unsre alten Lieder./Lehrer haben sie zerbissen,/Kurzbehoste sie verklampft,/braune Horden totgeschrien/Stiefel in den Dreck gestampft.*«

Es wurde also ›auf- und ausgeräumt‹, wie an folgenden Beispielen lediglich kurz, in weiteren Zusammenhängen jedoch auch ausführlicher gezeigt werden könnte: Es gab seit Ende der 1960er Jahre in den Schulen keine Heimatkunde mehr, sondern fortan das Fach Sachkunde; Landes- und Heimatgeschichte verwandelte sich in Regionalgeschichte; räumliche Orientierungen erfolgten an einem ›Europa der Regionen‹, in dem ›Heimat‹ als provinziell galt und unter dem Verdacht stand, spezifisch deutsche Gemütswerte zu repräsentieren. Unterschiedliche Wissenschaftsdisziplinen haben sich seither mit Heimat beschäftigt. Kulturwissenschaftler haben sich intensiv dem problematischen und politisch wie ideologisch schillernden Begriff »Heimat« zugewandt (Applegate 1990). Geschichtswissenschaftliche Fragestellungen galten u. a. den »Narrativen« bundesrepublikanischer Erfolgsgeschichte von ›Integration‹ und ›Beheimatung‹ unzähliger Entwurzelter nach dem Zweiten Weltkrieg. Seit den 1980er Jahren wird der »Wahrheitsanspruch« dieser »großen Erzählung« »zwar nicht grundsätzlich, aber doch partiell bestritten«, ohne dass die schnelle Integration insgesamt infrage gestellt worden wäre (Ackermann 1993, Stambolis 1998, 2006a, b, Kossert 2008).

Die Thematisierung von »Heimat« blieb, je nachdem, von wem und in welchen Zusammenhängen sie ausging, ideologisch verdächtig, wie z. B. die Ausstellungstrilogie »Heimatweh« der Stiftung gegen Vertreibungen deutlich werden ließ, die 2012 im Kronprinzenpalais *Unter den Linden* in Berlin gezeigt wurde. In den Begleit-Veranstaltungen standen folgende Aspekte zur Diskussion: »*Unbewältigte Vergangenheit*«, »*das hört nie auf – Traumata in den nächsten Generationen*« u. a. mehr. Es bleibt nicht aus, dass immer wieder »*Sturm gesät*« wird (Brumlik 2005), und zwar in erster Linie dann, wenn es um deutsche Vertreibungsgeschichten geht.

An den Entwicklungen der letzten Jahrzehnte scheint vor allem folgendes bemerkenswert zu sein: Heimat blieb auch in den Jahren der Kritik ein – z. B. viel besungenes – Thema. Zudem wurden ›nach wie vor‹ oder dann auch ›wieder‹ Heimatdiskussionen (unter Einbeziehung aller oben angedeuteten Facetten) geführt und schließlich deutet sich ein allmählich unkomplizierter werdender Umgang mit diesen besonders in Deutschland emotional stark aufgeladenen Bedeutungskontexten an.

Es ist angesichts des gleichwohl massiv-kritischen Blicks auf die politische Vereinnahmung deutscher Heimatdiskurse fast schon verblüffend, dass die Sängerin Alexandra, geborene Doris Treitz (1942–1969), ausgerechnet in den 1960er Jahren mit gefühligen Herzens- und Sehnsuchtsliedern Erfolg hatte, in denen sie auch den ›Heimatschmerz‹ besang. Das »Lied der Taiga« (1968) oder »Erstes Morgenrot« (1969) – mit durchaus autobiografischen Bezügen (Memelland) – gehören dazu. *»Erstes Morgenrot über den tiefen Wäldern,/ Wolken treibt der Wind, Nebel liegt auf den Feldern./Erstes Morgenrot bringt mir den Gruß der Heimat,/aus dem fernen Land, wo meine Wiege stand. [...] Ich seh die Schwäne hoch über dem Feld,/auf ihrem Fluge nach Norden./ Was ist aus all dem Vertrauten zuhaus,/und aus den Freunden geworden?«* (Kaltenbrunner 1980). Gleichsam im Windschatten der Kritik an Heimatsehnsucht und -tümelei behauptete sich zudem auch, nicht zuletzt in Vereinen und Verbänden, die Pflege lokaler und regionaler Traditionen, diese jedoch durchaus vom Image des Spießig-Provinziellen ›entstaubt‹ und zunehmend verbunden mit ausgesprochen unbeschwerter Geselligkeit. Das Schützenwesen im Rheinland und in Westfalen lässt sich in diesem Zusammenhang exemplarisch nennen (Stambolis u. Spies 2010). Ähnliches gilt für traditionsreiche Karnevalshochburgen. Gegenüber dem Gemütswert von Karnevalsliedern der Black Föös etwa – um ein zweites Beispiel zu geben – ›Ideologieverdacht‹ anzumelden, ist sicher überzogen bzw. unangebracht. Die Sänger plädierten wohl in erster Linie freundlich ironisch für lokale und regionale Vielfalt, wenn sie 1973 sangen: *»Mer losse d'r Dom en Kölle, denn do jehöt hä hin. Wat soll dä dann woanders, dat hät doch keine Senn«?*

Ein weiteres Beispiel, an dem sich die wohl auch zunehmend politische Entkrampfung im Umgang mit ›Heimat‹ – diesmal aus dem Jahre 2000 – zeigen lässt: Als der damalige Ministerpräsident Nordrhein-Westfalens Wolfgang Clement im Sommer 2000 in einem Wahlkampf eine Wette verlor, musste er zu Fuß von Bochum nach Münster laufen. Ein Bericht in der Presse formulierte das Ergebnis so: *»Von Bochum-Gerthe nach Herne-Sodingen. Alles fließend, alles ›eine Sose‹, wie man hier sagt. Über den Kurt-Edelhagen-Platz (der Jazz-Bandleader war ein großer Sohn Hernes), dann rechts in die Jürgen-von Manger-Straße (alias Adolf ›Bleibense Mensch‹ Tegtmeier, noch* *ein großer Sohn), [...] weiter [...] über die Teutoburgia-Zechensiedlung, im Stil einer Gartenstadt Anfang der zwanziger Jahre erbaut. Castrop-Rauxel steht uns bevor«, das die Vorurteile Lügen straft: es hat rund 70% Grünfläche, wenn man dazu auch die Steppenlandschaft der früheren Zeche Victor III/IV rechnet. Wir passieren das Kohlekraftwerk Gustav Knepper mit einem kolossalen Kühlturm, ein renaturiertes Bächlein, die Kleingartenanlage Deininghausen, ein Blumenfeld, einen ökologisch wirtschaftenden Hof, eine Pferdekoppel, Wald. ›Alles eng auf eng.‹ Dann die Emscher, der Fluss des Kohlenpotts, der ›trotz fortschreitenden ökologischen Umbaus‹ noch längst kein Fluss mit Reinheitsgarantie geworden ist. In der Nähe eine sechsspurige Autobahn. Ein paar Kilometer nördlich das Schiffshebewerk Henrichenburg, von einem Schützenverein vor dem Abbruch gerettet, Standort des Westfälischen Industriemuseums und ein Ankerpunkt der Route der Industriekultur. Hier endet der Pott, es wird grün, ländlich und schwer dörflich.«* Auch hier wurden Klischees, Kitschig-Sentimentales unkompliziert mit Andeutungen vermengt, dass es all das bald nicht mehr geben werde, mit anderen Worten: dass ›Heimat‹ bleibe, sich aber auch ständig verändere. Am Ruhrgebiet ließe sich in besonders deutlicher Weise darstellen, wie Zuwanderer in mehreren historischen Wellen und aus unterschiedlichen Gründen neue soziale und auch mentale, gefühlsmäßige Wurzeln zu schlagen versuchten, nach dem Zweiten Weltkrieg nicht zuletzt eine große Zahl von Menschen, die infolge des Zweiten Weltkriegs ihre Heimat verloren hatten, darunter zahlreiche Angehörige der Kriegskindergeneration, die sich seit einer Reihe von Jahren, im Alter also, noch einmal verstärkt mit ihrer Kindheit und Jugend beschäftigen (Kift 2005).

Heimatlosigkeit, Unbehaustheit und Heimatsehnsucht: Kriegskinder im Alter

Unterschwellig, un- oder halbbewusst sind Sehnsüchte der Kriegskinder von einst nach Schutz, Geborgenheit und ›heilen Heimat-Welten‹ sicher über die Jahrzehnte weitertransportiert worden und brechen bei vielen seit einigen Jahren noch einmal verstärkt hervor. Heimatlosigkeit und Unbehaustheit erwies sich z. B. im Zuge einer Befragung von 120 Frauen, die kriegsbedingt ohne Vater aufgewachsen waren und zumeist auch noch andere Entbehrungen wie Flucht und Vertreibung erlebt hatten, als lebensbestimmendes Grundmotiv (Stambolis 2006, 2012).

Eine vaterlose Tochter brachte dies besonders anschaulich auf den Punkt; sie fragte: »*Wer war ich?*« Sie habe keine angemessene Bekleidung besessen, habe nicht gut ausgesehen (jedenfalls habe sie das damals geglaubt), keinen

Vater gehabt, ihre Familie habe nichts dargestellt, sei arm gewesen und habe in einer Flüchtlingsbaracke gewohnt. *» Wie konnte ich da jemand sein«*, fasste sie ihre Empfindungen zusammen. Oft scheint es die Kombination von Vaterlosigkeit und Flüchtlingsschicksal zu sein, die das Gefühl der Unbehaustheit und Unerwünschtheit ausmachte. Eine Befragte fand sich in folgenden Worten Mascha Kalèkos wieder: *» Ein Auf-der-Flucht-Sein von Kind an also; und diese Heimatlosigkeit gepaart mit Vaterlosigkeit prägte das existenzielle und lebenslängliche Gefühl von Verlorenheit.«*

Es überrascht keineswegs, dass eine weitere vaterlose Tochter darauf hinwies, wie sehr sie sich in manchen autobiografischen Aspekten des Lebens von Mascha Kalèko (1907–1975) wiedererkannt habe, deren Biografin, Jutta Rosenkranz, pointiert schrieb: *» Heimatlosigkeit, Verlassenheit und Vaterlosigkeit sind Eindrücke, die das Mädchen früh geprägt haben und sein weiteres Leben bestimmen werden.«* Der Verlust ihres Vaters bilde, wie die von mir befragten vaterlosen Töchter fast ausnahmslos annehmen, den maßgeblichen Grund ihrer fehlenden Selbstgewissheit, die sie ein Leben lang begleitet hat. An dieser Stelle sei noch Frau H. zitiert, die nicht nur vaterlos aufwuchs, sondern auch mit ihrer Mutter und ihrem jüngeren Bruder aus Stettin hatte fliehen müssen, die also ein vaterloses Flüchtlingskind war. Sie bilanzierte ihr Lebensgefühl mit folgenden Sätzen: *» Für mich ist diese Heimatlosigkeit, die sicher auch mit der Vaterlosigkeit zusammenhängt, so ein Konglomerat. Für mich ist Wurzellosigkeit eigentlich immer das vorwiegende Gefühl gewesen. Ich wollte immer Wurzeln haben, ich hab mich so nach Wurzeln gesehnt. Und die sind mir leider nie gelungen. Die hab ich auch hier nicht; ich wohne ja jetzt 23 Jahre in dem Haus, doch das ist nicht mein Haus, ich könnte morgen ausziehen«* (Stambolis 2013).

Schriftsteller brachten ein solches Gefühl der Heimatlosigkeit ebenfalls auf den Punkt. Für Peter Härtling (geb. 1933), heimat- und elternlos aufgewachsen, verdichtete es sich etwa am Beispiel eines Liederabends, der ihn nach dem Krieg tief berührt hatte. Schuberts Winterreise habe ihn damals geradezu ergriffen und zu Tränen gerührt: *» Mit fünfzehn Jahren hörte ich zum ersten Mal mein Lied. [...] ›Fremd bin ich eingezogen,/Fremd zieh ich wieder aus.‹ [...] draußen stäubte der Januarschnee im Frost, der Raum war so gut wie nicht geheizt –, als er (der Bariton) einsetzte, traf seine Stimme das ›Fremd‹ nur ungenau. Selbst ich, der ich das Lied noch nicht kannte, merkte es. Aber gerade dieses suchende und gesuchte FREMD bewegte mich tief. Es sprach von mir, das ganze Lied erzählte von mir [...] der Wanderer, der Fremde war ich [...]. Das ist fast vierzig (heute müßte es heißen, fast sechzig) Jahre her. Nicht immer, wenn ich die ›Winterreise‹ jetzt höre, [...] empfinde ich meine Fremde so wie damals. Ich habe mit ihr umzugehen* *gelernt. Manchmal jedoch fühle ich, wie die Haut sich fröstelnd zusammenzieht. Dann werden Bilder lebendig, die ich während meiner unfreiwilligen Wanderung eingesammelt habe, Bilder, die einer Epoche gehören, Bilder, vor denen nur Amnesie schützt.«* Es sind Bilder, die in den Köpfen der Menschen bleibende Eindrücke an die Kindheit darstellen, die nur ein Gedächtnisverlust auslöschen könnte (Stambolis 2006b).

Ein Stück ›Heimat‹ zu finden, ist für Menschen, die in ihrer Kindheit und Jugend bereits die Brüchigkeit heiler Welten erfahren haben, wohl nicht selten mit nachhaltigen Entwurzelungsgefühlen verbunden; einige Kriegskinder von einst berichten jedoch auch über ermutigende Versuche später ›innerer Beheimatung‹. Eine vaterlose Tochter beispielsweise teilte 2011 mit: *»Ich war jetzt Anfang August in Russland, und es ist mir gelungen, meinen Wunsch zu verwirklichen. Auf dem kleinen Waldfriedhof, den ich vor drei Jahren gefunden habe, steht jetzt ein Gedenkstein, unter anderen Namen auch der meines Vaters. Was das für mich bedeutet, ist schwer in Worte zu fassen. [...] Ich habe ein Stück Heimat gefunden, ein Gefühl von Geborgenheit. [...] Ich werde bestimmt wieder dorthin fahren.«*

In der interdisziplinären Zusammenarbeit, die Kriegskinderforscher und -forscherinnen anstreben, kommt Psychologen und Psychoanalytikern sicher die Aufgabe zu, Hilfestellungen bei solchen Reisen in die Vergangenheit auf der Suche nach ›Heimatspuren‹ zu geben, wie sie soeben angedeutet wurden. Historiker können durch Zeitzeugenbefragungen Menschen zum Sprechen über ›Heimatträume‹ anregen; sie können auch dazu beitragen zu erklären, warum ›Heimat‹ ein zeitgeschichtlich und gesellschaftlich hochbrisantes Thema war und noch ist. Sie können beschreiben, welche Narrative seit 1945 Heimat-, Integrations- und Integrations-Erfolgsdiskurse bestimmten. Zeitgeschichtliches Wissen darüber, warum es lange Zeit und für viele Kriegskinder von einst sowie auch für die sich mit ihren Bedürfnissen im Alter befassenden Personen und Berufsgruppen ›peinlich‹ zu sein scheint, über Heimatsehnsucht zu sprechen und Heile-Welt-Bedürfnisse zu benennen, trägt vielleicht auch dazu bei, sich von dieser ›Scham‹ zu befreien bzw. sie differenzierter deuten zu können.

Literatur

Ackermann V (1993) Der »echte« Flüchtling. Flüchtlinge und Vertriebene aus der DDR 1945 bis 1961. Osnabrück (Universitätsverlag Rasch).

Applegate C (1990) A Nation of Provincials. The German Idea of Heimat. Berkeley (University of California Press).

Bausinger H (1979) Heimweh und Tradition. In: Greverus IM (Hg) Auf der Suche nach Heimat. München (C.H. Beck).

Brumlik M (2005) Wer Sturm sät. Die Vertreibung der Deutschen. Berlin (Aufbau-Verlag).

Bude H (1997) Das Altern einer Generation. Die Jahrgänge 1938–1948. 2. Aufl. Frankfurt a.m. (Suhrkamp).

Downs RM, Stea D (1982) Kognitive Karten. Die Welt in unseren Köpfen. New York (Harper & Row).

François E, Schulze H (Hg) (2001) Deutsche Erinnerungsorte III. München (C.H. Beck).

Herdan-Zuckmayer A (1956) Die Farm in den grünen Bergen. Frankfurt a.M. (Fischer).

Jens W (1985) Nachdenken über Heimat. Fremde und Zuhause im Spiegel deutscher Poesie. In: Bienek H (Hg) Heimat. Neue Erkundungen eines alten Themas. München, Wien (Hanser) 15–17.

Kift D (Hg) (2005) Aufbau West. Neubeginn zwischen Vertreibung und Wirtschaftswunder. Essen (Klartext).

Kossert A (2008) Kalte Heimat. Die Geschichte der deutschen Vertriebenen nach 1945. Berlin (Siedler).

Kraus M (2001) Heimkehr in ein fremdes Land. Geschichte der Remigration nach 1945. München (C.H. Beck).

Stambolis B (1998) Glaube und Heimat. Die Flüchtlingsarbeit der Katholischen Osthilfe im Erzbistum Paderborn nach 1945. Paderborn (Bonifatius).

Stambolis B, Jakob V (Hg) (2006a) Kriegskinder zwischen Hitlerjugend und Nachkriegsalltag. Münster (Agenda).

Stambolis B (2006b) Flüchtlingskindheit. Erfahrungen und Rückblicke auf ein ›erfolgreiches Leben‹. In: Ewers HI et al. (Hg) Erinnerungen an Kriegskindheiten. Erfahrungen, Erinnerungskultur und Geschichtspolitik unter sozial- und kulturwissenschaftlicher Perspektive. Weinheim, München (Juventa) 263–280.

Stambolis B, Reulecke J (Hg) (2007) Lieder im Generationengedächtnis des 20. Jahrhunderts. Essen (Klartext).

Stambolis B, Spies B (2010) Schützenfeste in Westfalen. Bekannte Ansichten – ungewohnte Einblicke. Münster (Ardey).

Stambolis B (2012) Vaterlose Töchter. Frauen der Kriegsgeneration und ihre lebenslange Sehnsucht. Stuttgart (Klett-Cotta).

Stambolis B (2013) »Es hat mich niemand ins Leben geführt.« Vaterlosigkeit und Vaterferne in weiblichen Lebensrückblicken der Kriegsgeneration. In: Stambolis B (Hg) Vaterlosigkeit in vaterarmen Zeiten. Beiträge zu einem historischen und gesellschaftlichen Schlüsselthema. Weinheim, München (Juventa) 115–139.

Zuckmayer C (1966) Als wär's ein Stück von mir. Erinnerungen. Frankfurt a.M. (Fischer).

Korrespondenzadresse:
Prof. Dr. Barbara Stambolis
Universität Paderborn, Fakultät für Kulturwissenschaften
Historisches Seminar, Postfach
33095 Paderborn
E-Mail: barbarastambolis@aol.com

Gertraud Schlesinger-Kipp

Kindheit im Krieg und Nationalsozialismus

PsychoanalytikerInnen erinnern sich

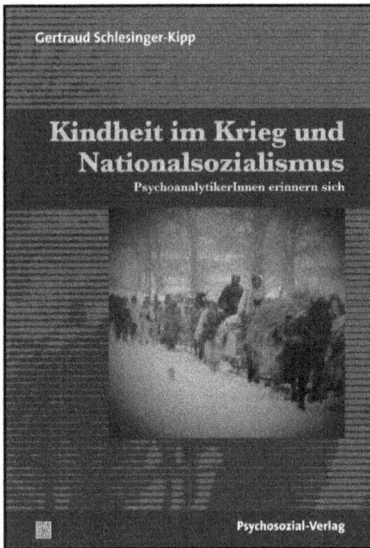

Gertraud Schlesinger-Kipp

Kindheit im Krieg und Nationalsozialismus

Psychoanalytiker!nnen erinnern sich

Psychosozial-Verlag

2012 · 376 Seiten · Broschur
ISBN 978-3-8379-2200-4

Als Teil der interdisziplinären Erforschung des kulturellen Gedächtnisses untersucht die Autorin Erinnerungsprozesse von Psychoanalytikerinnen und Psychoanalytikern, die zwischen 1930 und 1945 geboren wurden.
Mithilfe von Fragebögen sammelt sie die Erinnerungen von 200 »Kriegskindern« an ihr Aufwachsen im Nationalsozialismus. Ein unerwartetes Ergebnis ihrer Studie ist, dass 60 Prozent der Befragten traumatische Erlebnisse angeben. Es gibt signifikante Alters- und Geschlechtsunterschiede und die eigene Psychoanalyse war bei der Verarbeitung dieser Kindheit unterschiedlich nützlich.
Mit zehn Personen dieser Gruppe führt Schlesinger-Kipp anschließend vertiefende Interviews, um der »narrativen Wahrheit« näher zu kommen. Ausgehend von dem Konzept der »Nachträglichkeit« untersucht sie den Einfluss des späteren Bewusstwerdens der kollektiven deutschen Schuld sowie die Auswirkungen der nationalsozialistischen Erziehungsideale auf die individuellen Erinnerungen an die Kindheit.

Walltorstr. 10 · 35390 Gießen · Tel. 0641-969978-18 · Fax 0641-969978-19
bestellung@psychosozial-verlag.de · www.psychosozial-verlag.de

»Die schöne Heimat«
Über das ambivalente Verhältnis der Deutschen zu eigenen Architekturtraditionen, Denkmalpflege und Wiederaufbau

Bertram von der Stein (Köln)

Wo dir Gottes Sonne zuerst schien,
wo dir die Sterne des Himmels zuerst leuchteten,
wo seine Blitze dir zuerst seine Allmacht offenbarten
und seine Sturmwinde dir mit heiligem Schrecken durch die Seele brauseten,
da ist deine Liebe, da ist dein Vaterland
Ernst Moritz Arndt

Zusammenfassung

Historische Gebäude prägen das traditionelle Bild der Heimat. Denkmalpflege kann helfen, kulturelle Identitätszusammenhänge und historische Brüche aufzuzeigen. Namhafte deutsche Kunsthistoriker waren vom Nationalsozialismus beeinflusst und wirkten mit ihrem Heimatbegriff auch noch in den 1950er Jahren. Die Ambivalenz der Deutschen gegenüber den eigenen Bautraditionen wird anhand der Phasen des Wiederaufbaus nach 1945 dargestellt werden. Nach dem Versuch, den Wiederaufbau psychoanalytisch einzuordnen, wird hier eine Form der Denkmalpflege und des Städtebaus gefordert, durch die identitätsstiftende Gebäude rekonstruiert, dabei aber die Narben des Zweiten Weltkrieges nicht verleugnet werden.

Stichworte: Architektur, Deckerinnerung, Heimat, Identität, Zweiter Weltkrieg

Abstract: »The beautiful homeland«. On the Germans' ambivalent relation toward architectural tradition, preservation of historical monuments and reconstruction

Historical buildings shape the traditional image of home. Preservation of historical monuments can help to demonstrate connections of cultural identity and historical breaches. Notable German art historians were influenced by National

Socialism and still influenced their definition of home in the 1950s. The Germans' ambivalence towards their own building traditions will be depicted on the basis of the phases of reconstruction after 1945. Following the attempt to classify reconstruction psychoanalytically, this paper calls for a form of preservation of historical monuments and urban development which reconstructs the buildings that bring about identity while not denying the scars of World War II.

Key words: architecture, screen-memory, home, identity, World War II

Die besondere emotionale Bindung an die Heimat

Den meisten Menschen fallen zum Begriff Heimat die Kindheit, Herkunft und frühe erste Beziehungen ein und damit ein Schatz von Erinnerungen, die oft erst im Alter wieder gehoben werden. Im Älterwerden des Menschen bis hin zum Tod schließt sich ein Kreis, der etwas theatralisch in der dritten und vierten Strophe des Riesengebirgsliedes beschrieben wird:

Heilge Heimat, Vater, Mutter,
Und ich lieg an ihrer Brust,
Wie dereinst in Kindertagen,
Da von Leid ich nichts gewusst,
Wieder läuten hell die Glocken,
Wieder streichelt ihre Hand,
Und die Uhr im alten Stübchen,
Tickt wie grüßend an der Wand.

Und kommts einstens zum Begraben,
Mögt Ihr Euren Willen tun,
Nur das eine, ja das eine.
Lasst mich in der Heimat ruhen.
Wird der Herrgott mich dann fragen
Droben nach dem Heimatschein,
Zieh ich stolz und frei und freudig,
Flugs ins Himmelreich hinein.

»*Heimat ist Ort und Zeit in einem, sie ist angehaltene Vergänglichkeit*« (Dorn u. Wagner 2011). Heimat ist dort, wo man etwas zum ersten Mal erlebt hat, etwas, das sich so stark einprägt, dass vieles andere, alles Spätere einer Wiederholung gleichkommt. Das Gefühl, das man bei der Erinnerung an dieses erste

Mal hat, nennt man Heimweh (Dorn u. Wagner 2011). Heimat verweist auf eine Beziehung des Menschen zum Raum und damit zur Architektur. Damit eng verbunden sind Begriffe wie Dorf, Stadt, Land, Vaterland, Sprache, Dialekt und Religion. Schon darin zeigt sich das Spannungsfeld von Enge und Weite, von Philobatismus und Oknophilie[1], von Klaustrophobie und Agoraphobie, Heimatkitsch und erhabener Tradition. Auch die frühen Bindungen an Mutter und Vater, die idealisierend verklärt werden, spielen eine Rolle.

Heimat, Körpersymbolik und Architektur

Nach dem Grimmschen Wörterbuch (1999) hat das Wort »Heim« etwas mit Bedecken oder Einhüllen zu tun, u. a. sind die Worte Himmel und Hemd damit verwand. Geht man vom Begriff der Behausung als dritter Haut aus, so ist die Verbindung von Architektur und Heimat nicht weit. Rank (1930) hat diese Verbindung zur Architektur weiterentwickelt und zitiert auch eine dazu passende Stelle aus dem Korintherbrief: »*Wisset ihr nicht, dass ihr Gottes Tempel seid und der Geist Gottes in euch wohnet?*« (1 Korinther 3,1).

Architektur kann man als Verdinglichung metaphorischer Gedanken verstehen, es gibt zahlreiche Körpermetaphern in der Architektur. Der Sarkophag als Wohnung des Körpers entwickelt sich zum Sakralbau als Wohnung der Seele. Kirchen können als Leibmetapher angelegt sein und sind mit ihrem oft kreuzförmigen Grundriss ein Abbild des Leibes Christi. Paulus schreibt: »*Ihr seid der Leib Christi und jeder einzelne ein Glied von ihm*« (1 Korinther 12,27). Kirchen sind – in die Mitte des Ortes gesetzt – identitäts- und integrationsstiftend. Sowohl erdhaft schützende als auch aufstrebend vergeistigende Tendenzen sind oft in der Architektur von Dorf – und Stadtkirchen vereint. Konsequenterweise verweist auch Rank (1930) auf die Omphalussymbolik der Stadt: Sie ist der Nabel der Welt. Städte sind auch Mutterersatz und mit Muttersymbolen ausgestattet (Kapitolinische Wölfin, Mutter Colonia, Bavaria, Berolina etc.). Stadtgrenzen wurden zum Schutz der Stadt oft wehrhaft verstärkt. Was passiert, wenn diese beeinträchtigt und zerstört werden? Auch beim Menschen sind wehrhafte Außengrenzen notwendig, die Haut als Grenzorgan zwischen Innen und Außen und hat die Funktion, Hülle des Körperselbsts zu sein. Ist sie beschädigt, kommt es zu Missempfindungen, psychosomatischen Krisen, Körperschemastörungen, Störungen in Bezug auf Nähe und Distanz und schließlich zu Identitätsstörungen.

---

1 Nach Balint Reaktionen auf die Störung der primären Liebe, indem sich das Individuum vom Objekt unabhängig macht (Philobatismus) bzw. sich an es anklammert (Oknophilie).

Architektur, Heimatidentität
und Selbstüberschätzung

Kirchen, Rathäuser, Burgen und Schlösser prägen bis heute den regionalen Charakter der verschiedenen europäischen Landschaften. Bauwerke einer Landschaft zeigen gewisse Gemeinsamkeiten (Bandmann 1978, 113). Auch das Brauchtum habe starke traditionelle Elemente, die unbewusst weitergegeben werden, meint Bandmann, es gleiche den Kräften der Natur, die dauernd wirksam sind und alles durchdringen. Das Brauchtum sichere so die Kontinuität des Lebens, die bewusste Überlieferung aber die Einheit des Kulturzusammenhanges.

Dieser Kulturzusammenhang entsteht durch die gegenseitige Durchdringung verschiedener Einflüsse und in den regionalen Kulturen zeigt sich eine spezifische Mischung verschiedener Einflüsse. *»Der gewaltige geschichtliche Komplex der alten Mittelmeerkulturen zog neue Völker an sich, die immer wieder in die Traditionen dieser Kulturen steigen mussten, um sich zu behaupten, typische Bildungen aufgriffen und mit ihrem vorgeschichtlichen Formenapparat den Schatz dieser Kulturen vermehrten«* (Bandmann 1978, 121). Die bewusste Tradition sinke dann in unbewusste Bräuche ab (ebd., 116). Das Brauchtum kenne nur den immanenten Zwang aller unbewussten Faktoren, bewusste Tradition werde dagegen bewusst formuliert (ebd., 118). Oft wird etwas als eigene Schöpfung empfunden und andere Einflüsse verleugnet, obwohl gerade diese die Originalität des Werkes ausmachen. Vielen ist kaum präsent, dass der römische Zentralbau, der seinen Höhepunkt in der Hagia Sophia hatte, starken Einfluss sowohl auf die Romanik in Europa – in Deutschland auf die rheinische Romanik –, als auch auf den türkischen Moscheenbau unter Sinan hatte. Die direkte Verwandtschaft der Hagia Sophia und der blauen Moschee in Istanbul kann jeder an den Bauformen ablesen. Der Kölner Dom ist auch keine Weiterentwicklung des damaligen hoch entwickelten Kölner Kirchenbaus, der im sogenannten romanisch-gotischen Übergangsstil einen eigenen Zugang zur Gotik gefunden hatte. Obwohl er als deutsches Nationalsymbol unter preußischer Förderung vollendet wurde, stellt er eine Weiterentwicklung der Kathedrale von Amiens dar, dies ist manchen unbekannt.

Nach Wilhelm Pinder (1957) sprechen Bauten Dialekt. In Deutschland ist das kein Wunder. Man muss kein Dialektforscher sein, um zu erkennen, wie sehr regionale Idiome vom Einfluss der Nachbarn und von der historischen Vergangenheit abhängig sind. Im rheinischen Dialekt finden sich römische, französische und niederländische Einflüsse in ähnlicher Weise, wie in der untergegangenen schlesischen Mundart starke westslawische

Einflüsse erkennbar sind. Wenn man solche Entwicklungen bedenkt, sollte die Beschäftigung mit der Heimattradition nicht in provinzieller Überschätzung des Eigenen münden, sondern den Blick dafür freimachen, wie in dem eigenen Brauchtum und in der regionalen Kultur Eigenes und Fremdes miteinander verbunden sind.

In der aktuellen Debatte über den Moscheebau in Köln-Ehrenfeld wird klar, wie schwierig solche Integrationsprozesse sind: Während die rechtsgerichtete Bürgerbewegung »Pro Köln« den türkischen Einfluss vehement ablehnt, werfen Vertreter von DITIB (Türkisch-Islamische Union der Anstalt für Religion e. V.) dem Architekten Paul Böhm, der die Moschee entworfen hatte, vor, er würde verdeckt christliche Architekturmotive dem Auftraggeber unterschieben.

Die Tendenz zur Überbewertung der Heimat hat damit zu tun, dass sich bei vielen Menschen die primären Erfahrungen in der Kindheit besonders einprägen und mit positiven Erinnerungen verbunden werden. Solange solche Bewertungen selbstkritisch und tolerant gegenüber den »Heimaten« anderer erfolgen, ist dies in Ordnung, wenn aber das Eigene überhöht und das Fremde aggressiv abgewertet wird, stellt dies eine bedenkliche Entwicklung dar. Kulturen haben sich immer gegenseitig beeinflusst und durchdrungen.

Vieles, was als besonders charakteristisch erachtet wird, geht – wie der Kölner Dom – auf fremde Einflüsse zurück. Der Ethnologe Christof Antweiler (2009) spitzt diese borniere Haltung, das Eigene überzubewerten, zu der These zu, dass sich viele Völker selbst als *eigentliche Menschen* im Gegensatz zu anderen Ethnien verstehen.

Die Kontaminierung des Heimatbegriffes durch die Nazis

Der Heimatbegriff wurde durch seine unangemessene Überschätzung im Nationalsozialismus beschädigt. Die deutsche Situation war nach 1945 durch Schuld und Scham und deren Verleugnung, durch Diffusion von Täter- und Opferrollen und durch die Idealisierung des Fremden gekennzeichnet. Kollektive Abwehr und Trauervermeidung, z.B. auch in Bezug auf den Verlust der Heimat, hatte die Praxis des Wiederaufbaus nach 1945 bestimmt. Einerseits wurde krampfhaft im Wiederaufbau versucht, Provinzialismus zu vermeiden, andererseits gelang es doch, den Wiederaufbau teils nach regionalen Traditionen voranzutreiben.

Zur Heimat hat die deutsche Öffentlichkeit ein kompliziertes Verhältnis (Dorn u. Wagner 2011). Schon im 19. Jahrhundert wurden die Grenzen zwischen unbedenklicher Heimatliebe und nationalistischen und rassistischen Tendenzen überschritten. So machten sich Heimatschutzvereine für die Bewahrung der Natur und der historischen Baudenkmäler stark und betonten die Talente der deutschen Regionen und Stämme. Sie waren aber nach 1871 gegen den politischen Zentralismus in Deutschland. Neben diesen unbedenklichen Tendenzen entstanden auch extreme völkische Bewegungen, z.B. 1894 der Deutschbund und 1891 der Alldeutsche Verband AVD (Hartwig 1983), die nach Putscher (2009) die Heimat in den Kontext von Nationalismus und Rassismus stellten. Nach Gräfe (2010) waren Stammeszugehörigkeit, arische Abstammung und Antisemitismus der gemeinsame Nenner dieser Anschauungen. Dieses Denken mündete in die NS-Ideologie von Blut und Boden und konstituierte die Symbolik Blut gleich Rasse und Boden gleich Bauerntum.

Schon im 19. Jahrhundert wurde der Heimatbegriff durch Ausblenden historischer Gegebenheiten im Rahmen des Aufbaus des deutschen Nationalstaates einseitig verstanden. Ernst Moritz Arndt, der Freiheitskämpfer, Sohn eines Leibeigenen und Vorbereiter der Demokratie, war beispielsweise Franzosenhasser, Rassist und Antisemit. Der Kunsthistoriker Wilhelm Pinder, 1878 in Kassel geboren, beschwört in seinen Büchern »Die Kunst der deutschen Kaiserzeit« (1943) und »Die Kunst der ersten Bürgerzeit« (1937) die Überlegenheit der deutschen Kunst selbst in Phasen des Niedergangs. Am Beispiel des Kölner Domes versucht er zu belegen (Pinder 1940, 27f), dass sich die deutsche Gesinnung letztlich als kollektiver Einfluss des Volkes durchsetze. Er stellt Entscheidungen von Bauherrn und Architekten gegen den unbewussten Volkeswillen: »*Wir wissen durchaus, dass auch Köln sein Deutsches hat, aber hier, auch damals fast nur hier, tritt das Deutsche einmal so auf, wie man es sich in manchen Kreisen durchgehend denkt: als Abwandlung des Fremden. [...] Bei der Abwandlung des Fremden ist eben dieses Fremde das Erste, in Köln ist also der Wunsch des Bauherrn, die modernsten Formen Frankreichs in einer neuen Ganzheit zu besitzen. Dann folgt die Verwirklichung, und in diese erst drängt sich das Deutsche als Zweites hinein. Sie ist die Leistung des Künstlers und damit des eigentlichen Volkes – nicht des Bauherren.*« Er unterstellt in der erst unter dem Preußenkönig verwirklichten Zweiturmfassade des Kölner Domes, staufische, also deutsche Baugesinnung, indem er die Gestaltung monumentaler Turmfassaden als deutsche Leistung herausstellt. Weiter heißt es dann (Pinder 1940, 28): »*Hierin ist also Köln noch ursprünglich deutsch, nicht nur eingedeutscht [...]*«

Wilhelm Pinders Werk war auch noch nach 1945 populär. Im Vorwort zu »Die Schöne Heimat« (1957) aus der populären Reihe »Die blauen Bücher«

im Langewieschen Verlag, steht ohne Nennung eines Autors: »*Politische Gesichtspunkte liegen diesem Buch fern*«. Zwar findet sich in seinem Buch »Bürgerbauten der Deutschen Vergangenheit« (1957) im engeren Sinne kein nationalsozialistisches Gedankengut mehr, wohl aber die altbekannte Überschätzung deutscher architektonischer Leistungen wie in der Schlussbemerkung: »*Es ist die Sprache der gebauten Form, Sprache bis zum Dialekt; ein lebendiger Protest gegen alle Versuche, die Unterschiede des Gewachsenen, der Völker und ihrer Stämme, tot zu lügen. Es ist alles Deutschland und nur in Deutschland möglich [...]*« (Pinder 1957, 4).

Diese Form der Kunstbetrachtung betonte gerade in populären Schriften mehr oder weniger subtil auch nach 1945 die Überlegenheit der deutschen Baukunst. Nicht nur in diesem Buch missachtet Pinder die Entwicklungen der Baukunst vor allem in Osteuropa. Den Osten Europas betrachtete Pinder als »*formlos wogendes europäisches Neuland*«, er habe nie eine andere Kultur als die deutsche gesehen (Pinder 1940, Neuaufl. 1952, 12–16). Er ignoriert dabei die blühende byzantinische Architektur in südslawischen Ländern, die Eigenentwicklung der russischen Baukunst und den Einfluss der fast zweitausendjährigen Anwesenheit der Juden in Europa. Dieser prominente Kunsthistoriker und Mitbegründer der populären Reihe »Die blauen Bücher« war nach Stoppel (2008, 7–20) von nationalsozialistischem Gedankengut beeinflusst und affirmativ damit beschäftigt, gängige Allgemeinplätze und Vorurteile von der Überlegenheit deutscher Kunst zu wiederholen.

Mit der deutschen Architektur wurden im Nationalsozialismus deutsche Werte beschworen, z. B. in Leni Riefenstahls Filmen mit Bildern von Bauwerken aus dem mittelalterlichen Nürnberg. An Bildern von Gebäuden, wie an der Potsdamer Garnisonskirche, wurde die Kontinuität zwischen Preußentum und NS-Ideologie betont: Die Garnisonkirche in Potsdam diente als historische Kulisse zur öffentlich inszenierten Legitimation Hitlers durch Hindenburg. In der Regierungszeit Walter Ulbrichts wurden dann die Garnisonkirche und das Berliner Stadtschloss, neben anderen historischen Denkmälern, aus ideologischen Gründen gesprengt. Nach Siedler (1991) hatte Ulbricht derartige Bauten als Symbole des alten Deutschlands schon immer gehasst.

Kurt Tucholsky brachte die Problematik der Kontamination deutschen Kulturgutes mit nationalistischer Politik folgendermaßen zur Sprache: »*Deutschland ist ein gespaltenes Land. Ein Teil von ihm sind wir. Und in allen Gegensätzen steht – unerschütterlich, ohne Fahne, ohne Leierkasten, ohne Sentimentalität, ohne gezücktes Schwert – die stille Liebe zur Heimat*« (Tucholsky 1929, 226–231). Ernst Bloch wollte den Begriff Heimat nicht negativ besetzen, aber sich auch von narzisstischer Überbewertung der eigenen Herkunftsregion distanzieren. Ihm, der emigrieren musste, ging es um den ursprünglichen Begriff des Daheim- und Zuhauseseins im Gegensatz zur Ent-Fremdung (Bloch 1969). Wenn wir hier aufgewachsen sind, ist uns die deutsche Heimat zutiefst vertraut, es fällt aber auf sie der Schatten des Nationalsozialismus, schon wenn wir nur oberflächlich nachfragen.

Zerstörung, Scham und Leugnung

Gebaute Heimat hat ästhetische, symbolische, geschichtliche und identitäts-vermittelnde Dimensionen. Städte können als Gesamtkunstwerke betrachtet werden, in denen Bauwerke und Quartiere aufeinander bezogen waren. Der Kahlschlag durch die Bombardierungen im Zweiten Weltkrieg von 1940–45 hat einen gewachsenen historischen Bilderreigen zerstört. Die Stadtansichten von Matthäus Merian haben vielerorts keinen Wiedererkennungswert mehr, obgleich an manchen Orten (Köln, Nürnberg, Dresden) die Grundstruktur des Stadtbildes nach 1945 wieder neu erstand.

Nationalsozialismus, Holocaust und Zweiter Weltkrieg vernichteten nicht nur menschliche Existenzen, auch die gebaute Umgebung wurde zerstört. Die Ruine der Frauenkirche zu Dresden war lange Zeit ein Sinnbild für diese unfassbare Zerstörung. Von 1945 bis 1960 fand ein ans Manische grenzender Wiederaufbau im Westteil Deutschlands statt, der die äußeren Spuren der Verwüstung verdecken sollte. In dieser Wiederaufbauphase nach dem Zwei-ten Weltkrieg, bei der die historischen Reste wenig berücksichtigt wurden, kamen indirekt kollektive Ängste, Panikgefühle und Abwehrversuche zum Ausdruck, die die gestörte deutsche Identität spiegelten.

Die Phasen des Wiederaufbaus

Harmonisierendes Heimatidyll am Anfang der fünfziger Jahre

Populäre Heimatfilme der 50er Jahre zeigen, dass die immateriellen und materiellen Kriegsschäden in der damaligen harmonisierenden Stimmung in der breiten westdeutschen Öffentlichkeit kaum aufgearbeitet wurden. Diese Filme handeln oft in in einer vermeintlich »guten alte Zeit«, angelehnt an romantisch verklärte Vorstellungen einer vorindustriellen Epoche. In diesen Kontext passen einige historisierend-harmonisierende Versuche, den regionalen Charakter von städtischen Räumen wieder aufzubauen, wie den Altmarkt in

Dresden, den Alten Markt in Köln, den Prinzipalmarkt in Münster und das Rathaus in Emden. Mit damals noch bescheidenen Mitteln versuchte man also in einigen Bereichen, regionale Bautraditionen wieder erstehen zu lassen. Dieser Hang zur Idylle beschränkte sich im Wesentlichen auf die fünziger Jahre.

Entgrenzung, Fragmentierung in den sechziger Jahren

Der Begriff der »Stunde Null« kann in Bezug auf die Architektur das Bedürfnis nach einem Neubeginn ausdrücken. Die Verleugnung des Vergangenen bekommt nach den Zerstörungen im Krieg eine neue Qualität. Die Verführung, Neues nach eigenen Ideen zu errichten, war oft stärker als die Rücksicht auf Vergangenes. Viele Städte Westdeutschlands wurden autogerecht wieder aufgebaut. Reste des Alten wurden abgerissen oder führen ein fragmentarisches Dasein. Beton sollte Ehrlichkeit und Echtheit ausdrücken im Gegensatz zur verpönten Kulissenhaftigkeit des Historismus. Die autoaggressive Potenz dieser Haltung wurde nicht erkannt. Beim letzten, für ganz Berlin geltenden Architekturwettbewerb 1958 hielt man die historische Stadt für nicht erhaltenswert. Von Le Corbusier bis Scharoun waren sich alle Teilnehmer einig, dass man die Stadt nicht wiederherstellen wolle. Der Abriss der durch den Krieg gekommenen Restbestände war vorgesehen. Denkmalspflege verstand sich als Wiederaufbau einzelner herausragender Bauwerke ohne Rücksicht auf den Umgebungskontext. Viele Entscheidungen nach 1945 haben einen ahistorischen Impetus und waren nicht auf Deutschland beschränkt. Schon zuvor wollte Le Corbusier, wie Hausmann im 19. Jahrhundert, Paris neu ordnen in einem System übersichtlicher Hochhäuserensembles. Frank Lloyd Wright entwarf Wolkenkratzer von 1000 m Höhe, in denen ganze Stadtviertel Platz gehabt hätten. Derartige Visionen standen hinter der Konzeption von Stadtvierteln wie dem Märkischen Viertel in Berlin, Neu-Perlach in München und Chorweiler in Köln, Stadtteile, die alle zwischen den 50er und 70er Jahren entstanden sind. Oft hat die »Neue Heimat« mitgeholfen, Heimatlosigkeit zu produzieren. Akkumulationen von Hochhäusern, die von Grünanlagen umgeben sind, weisen kein kohärentes Stadtgefüge auf.

Ganze Stadtviertel, die zwar beschädigt, aber in ihrer Struktur erhalten waren, wurden um der Utopie des Neuanfanges willen abgerissen. In Köln gab es Pläne, die romanischen Kirchen modern wieder aufzubauen. Dresdens Stadtverwaltung sprach 1956 vom »restlosen Wiederaufbau« (Gretzschel 2004). Glücklicherweise blieben viele Radikallösungen im Planungsstadium stecken.

In der geteilten Stadt Berlin strebte man bewusst unterschiedliche Ziele an, handelte aber unbewusst ähnlich: Sowohl der Bauhausschüler Henselmann, der in Ost-Berlin wirke, als auch Scharoun in West-Berlin, Bauhausantipode und Vorsitzender des Planungsbeirates, führten in den ersten drei Nachkriegsjahrzehnten die Zerstörung der Stadtgrundrisse und vieler Häuser fort. Die internationale Architektenavantgarde war an diesem Prozess der Zerstörung auf der radikalen Suche nach einem Neuanfang beteiligt. Collage und Fragment und nicht die Tradition eines an Schönheit und Ganzheit orientierten Städtebaus prägten dann vielerorts bis in die Mitte der 80er Jahre das Bild der Städte. Die Identifikation mit dem Narzissmus der Machthabenden (Eissler 1968) kann ein Versuch sein, die eigene Kränkung der Niederlage zu verleugnen. Daher kommt vielleicht die zeitweise Hochschätzung amerikanischer und sowjetischer Städtebauideale, denen vielerorts in West und Ost historisch gewachsene Ensembles geopfert wurden.

Hinzu kam die Architektur der großen Leere. Der Alexanderplatz im Osten und das Kulturforum im Westen Berlins sind noch heute steinerne Repräsentanten dieser Baupolitik. So wurde der Alexanderplatz nach dem Krieg ausgeweitet und besteht heute aus einem Ensemble unabgegrenzter Teilplätze. Einzelne prominente Bauten, wie die Weltzeituhr, das Haus des Lehrers, eine großzügige Brunnenanlage und der Kuppelbau der Kongresshalle, stehen unverbunden um überdimensionierte Plätze. Die etwas entfernter stehenden Großbauten, wie der 365 Meter hohe Fernsehturm und das ehemalige Interhotel Stadt Berlin, nehmen keine Rücksicht auf den Maßstab historischer Bauten, wie die mittelalterliche Marienkirche und das Rote Rathaus. Solche Architekturauffassungen der sechziger Jahre prägen auch bis heute das Erscheinungsbild anderer westdeutscher Städte. So wurden prominente Einzelbauten, wie in Westberlin Scharouns Kulturforum, die Philharmonie und die neue Nationalgalerie unverbunden in eine Stadtlandschaft gestellt, die von großen Plätzen und riesigen Straßen geprägt wird. Die neuromanische Matthäikirche ist inmitten dieser Betonflut isoliert, eine begrenzende Platzgestaltung ist nicht erkennbar.

Beim Wiederaufbau Kölns ging man nach dem teilweise realisierten Generalplan von Rudolf Schwarz (1960) vor, der eine verkehrsgerechte Stadtgestaltung vorsah. Um historische Bauten sollten Traditionsinseln geschaffen werden. Die sog. Nord-Südfahrt, eine betonversiegelte Tangente durch die historische Innenstadt, zerschneidet aber bis heute gewachsene Stadtviertel.

Neubesinnung in den siebziger und achtziger Jahren

Mit der Umgestaltung Münchens für die Olympischen Spiele 1972 wurden Fassaden des 19. Jahrhunderts restauriert. Es entstanden vielerorts Denkmallisten, die sich an dem Erhalt ganzer Ensembles orientierten (Kier et al.

1983, Wagner Rieger 1976). Stadtviertel aus dem 19. Jahrhundert wurden wieder beachtet. Mit der internationalen Bauausstellung 1987 in West- und Ost-Berlin und mit der Rekonstruktion des Nikolaiviertels in Ost-Berlin besann man sich auf europäische Städtebautraditionen. In beiden Teilen Deutschlands begann man Fassaden und ganze Viertel zu restaurieren, zudem entwickelte man Gedanken zu einer kritischen Rekonstruktion (Stinnmann 1997). Natürlich gab es auch die Tendenz, idealisierte Rekonstruktion zu schaffen, wie beim Knochenhaueramtshaus in Hildesheim, am Römerberg in Frankfurt und bei der Rekonstruktion des Stettiner Schlosses. Diese Tendenz zeigte sich im Wiederaufbau der Kölner Kirchen ebenso wie in der perfekten Wiederherstellung von Dresdens Innenstadt.

Nach der Wende 1989

Nach der Wiedervereinigung setzten sich Tendenzen zur Rekonstruktion bestehender Gesamtensembles fort. Man wollte Fehler, die unmittelbar nach dem Krieg gemacht wurden, vermeiden. Der Wiederaufbau von Dresdens Innenstadt und die behutsame Restaurierung von Görlitz, Wismar und von manchen anderen historischen Orten berücksichtigen das Gesamtkunstwerk Stadt. Diese neue Entwicklung schließt jedoch aus, dass weniger prominente Ensembles missachtet wurden. In den Großstädten der ehemaligen DDR gibt es seit Ende der neunziger Jahre Tendenzen zum Abbruch oder zum Eingriff in historisch gewachsene Viertel, die an Fehlleistungen der sechziger und siebziger Jahre im Westen erinnern. Der Bau der Feldschlösschenbrücke in Dresden und die Zerstörung einer Villa im einheitlich klassizistischen Bauensemble Heiligendamms sind unrühmliche Beispiele dafür. Die aktuelle Situation ist also nach wie vor widersprüchlich.

Architektur des Wiederaufbaus als Deckphänomen

In Ersatzerinnerungen und Deckphänomenen, die im Kräftespiel zwischen Erinnern- und Vergessenwollen auftauchen, wird Verdrängtes deutlich. Sie sind Teilwahrheiten und Hilfskonstruktionen, die verhindern, dass traumatische Ereignisse ins Bewusstsein treten und in einem Trauerprozess bearbeitet und assimiliert werden können. Freud (1899) zeigt die Funktion von Deckerinnerungen zu kollektiven Abwehrprozessen auf, indem er auf Sagen und Mythen hinweist. Greenson (1958) beschreibt Deckidentifizierungen zur Schamabwehr, um dem erwünschten Selbstbild nahe zu bleiben.

Nach dem Konzept der Deckerinnerungen kann man die Phasen des Wieder-aufbaus deutscher Städte deuten. Nach Bandmann (1951, 1978) sind Bauten Bedeutungsträger, die auf etwas, das über ihre formale Gestaltung und materielle Organisation hinausgeht, hinweisen. Baugeschichte ist auch Beziehungs- und Bewältigungsgeschichte. Architektur kann zur Bannung des Nicht-Bewältigten im Hier und Jetzt dienen, indem Neues geschaffen wird. Sowohl eine perfekt moderne Stadt als auch eine perfekte Rekonstruktion weisen, wie eine Deck-erinnerung, auf ein Trauma hin, da mit der Perfektion des Wiederaufbaus die vorangegangene Zerstörung unsichtbar gemacht wird. Wenn Traumatisches nicht verarbeitet wird und Trauer um das Zerstörte nicht möglich ist, weist dies auf die Unfähigkeit zu trauern hin. So umschreibt der Wiederaufbau oft metaphorisch ein Tabu, dass wir nicht in die Auseinandersetzung mit der tat-sächlichen Geschichte eintreten.

Heimatlosigkeit und Identitätslosigkeit

Architektur eröffnet einen Intermediärraum und hat nach Erikson (1976) eine ähnliche Funktion wie die Identität, die ein Übergangsraum zwischen innerer personaler und äußerer sozialer Entwicklung ist. Grinberg und Grinberg (1990, 151) heben bei traumatisierten Migranten antagonistische Wünsche hervor, die zu widersprüchlichen Handlungen führen, entweder im Sinne extremer Anpassung oder Unterscheidung, wobei eigene Traditionen entweder idealisiert oder abgewertet und verleugnet werden.

Solche Überlegungen können auch auf Tendenzen des Wiederaufbaus eines besiegten Volkes angewandet werden: Ein selbstangezettelter Krieg erschüttert die räumliche, zeitliche und soziale Integration einer Gesellschaft und der heimatliche Intermediärraum der vertrauten Umgebung als verbin-dendes Objekt wird zerstört. Volkan (2002) beschreibt bei traumatisierten Gesellschaften Regressionsphänomene, bei denen sich die ohnmächtige Wut gegen die »abweisende Mutter Erde« richtet und die zu Zerstörungen führt mit dem Resultat, dass die noch intakte Umgebung verschandelt wird. Die radikale ahistorische und ästhetisch unbefriedigende Neubebauung passt in diesen Kontext. Idealisierte Rekonstruktionen künden dagegen von einer glorifizierten Vergangenheit. Die Gebäude sind so perfekt gestaltet, dass nichts an eine Kriegszerstörung erinnert. Fragmente der gebauten histori-schen Identität konnten im Wiederaufbau nicht zusammengesetzt werden. Diese Identitätsstörung führt zu Schwierigkeiten in der Gegenwart und zur Pseudoidentität. Eine amerikanisierte oder sowjetisierte Stadt kann nur Leere, Langeweile und Entfremdungsgefühle auslösen.

Transgenerationale Dekontamination von Heimat und die Wiedergewinnung von Kreativität

Indem kollektive Schuld- und Schamkonflikte verstanden werden, besteht die Möglichkeit, kreativ mit den Zerstörungen umzugehen. In Deutschland, so Pinder (1957), sprechen Bauten »Dialekt«. Auch wenn Pinder persönlich in die Schuld der NS-Zeit verstrickt war, gilt es, diese Erkenntnis neu zu berücksichtigen, allerdings ohne hypertrophe deutsche Überlegenheitswünsche auszuleben. Deshalb müssen wir uns damit auseinanderzusetzen, wie die deutsche Baukunst durch die Naziideologie kontaminiert wurde, um historisch gewachsene regionale Bautraditionen wieder schätzen zu können. Ein neues Selbstverständnis ist für eine Gesellschaft besonders schwierig, deren Identität durch Flucht und Vertreibung verändert und beschädigt wurde. Vertreibung aus der Heimat bedeutet auch die Zerstörung eines Kulturraums.

Am deutschen Wiederaufbau waren mehrere Generationen beteiligt. Grenzverwischungen zwischen den traumatisierten Generationen finden nach Kogan (2008) multidimensional statt: zwischen Vergangenheit und Gegenwart, Fantasie und Realität, Selbst und Objekt. Bei Heimatverlust und Heimatzerstörung kann es zu überhöhten Ich-Ideal-Forderungen an die Kinder kommen, die, die Fragilität der Eltern spürend, Klärungen und Realitätsprüfungen unterlassen. Unbewältigte Schuld und Traumatisierungen machen stumm, fördern dissoziierte Wahrnehmung und entstellte Erinnerung und finden verbal unkodiert Niederschlag in der Kultur (Brooks Brenneis 1998). Dissoziation und Deckerinnerung können Abwehr von und zugleich Hinweis (Spiegel u. Cardena 1991, 366–378) auf verborgene Traumata (Brooks Brenneis 1998, 801–823) sein. Traumatisches Material wird oft wortlos an Nachkommen weitergegeben (Volkan 2000, 945).

Dies erinnert an die von Freud (1916) beschriebene pathologische Trauer. Bei kollektiven Traumata können oft erst die Nachkommen nach einer Latenzzeit Trauerarbeit leisten. Erst jetzt, 60 Jahre nach Kriegsende, geht der Wiederaufbau in seine Endphase. Hinter Erfolgen, wie dem Wirtschaftswunder, wurde das Trauma verschleiert und führte abwehrbedingt m. E. zu autodestruktivem Vandalismus gegen historische Stadtstrukturen. Es ist eine Täuschung bzw. eine narzisstische Illusion der Selbstzeugung zu glauben, zeitweise außerhalb der Geschichte zu stehen und in der Stunde null ganz von vorne beginnen zu können

Ausblick

Nach Bohleber (1997, 594) sollten Tabuthemen, Traumatisierungen und re-konstruktive Elemente in den psychoanalytischen Deutungsprozess integriert werden. Könnte man diese Erkenntnis nicht auch auf einen integrierenden Wiederaufbau deutscher Städte übertragen: Ein Städtebau, der die Narben des Zweiten Weltkrieges nicht unkenntlich macht und Bauten und Ensembles rekonstruiert, die für die kollektive Identität bedeutsam sind und dabei sowohl den Vandalismus gegen historisch gewachsene Strukturen als auch idealisie-rende Rekonstruktionen überwindet, wäre ein äußeres Zeichen dafür, dass wir auf dem Wege sind, die Fähigkeit zu echter Trauer zurückzugewinnen. Deshalb ist heute auch ein behutsamer Umgang mit der mittlerweile 50 bis 60 Jahre alten Architektur des Wiederaufbaus zu fordern. Es sollte zwar versucht werden, identitätszerstörende Bausünden zu überwinden, aber nicht mit blinder Wut qualitätsvolle Architektur aus dieser Zeit zu zerstören. Krea-tiver Städtebau ist nicht in einem neuen Historismus zu sehen, sondern in der Rückbesinnung auf historische Ordnungen, die Grundlage einer erneuerten geistigen Haltung sein können. Alte und neue Bausteine der Identität, wie beim Wiederaufbau der Dresdner Frauenkirche, können in einem kohärenten Zusammenhang gebracht werden.

Literatur

Antweiler C (2009) Heimat Mensch. Was uns alle verbindet. Hamburg (Murrmann).

Bandmann G (1951, 5. Aufl. 1978) Mittelalterliche Architektur als Bedeutungsträger. Berlin (Verlag Gebr. Mann).

Bohleber W (1997) Trauma, Identifizierung und historischer Kontext. Über die Notwendigkeit, die NS-Vergangenheit in den psychoanalytischen Deutungsprozess einzubeziehen. Psyche 51(9/10): 958–995.

Bloch E (1969) Das Prinzip Hoffnung Bd. 3. Frankfurt a. M. (Suhrkamp).

Brooks Brenneis C (1998) Gedächnissysteme und der psychoanalytische Abruf von Trauma-Erinnerungen. Psyche 52: 958–995.

Dorn T, Wagner R (2011) Die deutsche Seele. München (Knaus).

Erikson EH (1976) Identität und Lebenszyklus. Frankfurt a. M. (Suhrkamp).

Eissler KR (1968) Weitere Bemerkungen zum Problem der KZ-Psychologie. Psyche 22 (6): 452–463.

Freud S (1899a) Über Deckerinnerungen. GW I. Frankfurt (Fischer) 531–554.

Freud S (1916) Trauer und Melancholie. GW X. Frankfurt (Fischer) 428.

Gräfe T (2010) Antisemitismus in Deutschland. Rezesionen – Forschungsüberblick – Biblio-graphie Norderstedt (BoD GmbH) 156–169.

Greenson RR (1958) On screen defenses, screen hunger, and screen identity. J Am Psychoana-lytic Ass 6: 242–262.

Gretzschel M (2004) Als Dresden im Feuersturm versank. Hamburg (Ellert & Richter).
Grimmsches Wörterbuch DWB (1999) Taschenbuchausgabe Hamburg (DTV). Grinberg L, Grinberg R (1990) Psychoanalyse der Migration und des Exils. Stuttgart (Verlag intern. Psychoanalyse).
Hartwig E (1983) Alldeutscher Verband AVD 1891–1945. Die bürgerlichen und kleinbürgerlichen Parteien und Verbände in Deutschland 1789–1945. In: Fricke D (Hg) Lexikon zur Parteiengeschichte. Bibliographisches Institut Leipzig, 13–37.
Stadt Köln (1984) (Hg von Kier H et al.) Kölner Denkmälerverzeichnis.
Kogan I (2008) Die Durchlässigkeit der Grenzen in Holocaust-Überlebenden und ihren Nachkommen. In: Radebold H (Hg) Transgenerartionale Weitergabe kriegsbelasteter Kindheiten. Weinheim, München (Juventa) 119–127.
Mitscherlich A (1963) Auf dem Weg zur vaterlosen Gesellschaft. München (Piper).
Pinder W (1940) Die Kunst der ersten Bürgerzeit. Leipzig (Verlag A. Seemann).
Pinder W (1943) Die Kunst der deutschen Kaiserzeit. Leipzig (Verlag A. Seemann).
Pinder W (1957a) Bürgerbauten deutscher Vergangenheit. Königstein (Langewiesche).
Die Schöne Heimat (1957) aus der Reihe »Die blauen Bücher« (ohne Nennung eines Autors oder Herausgebers). Königstein (Langewiesche).
Putscher U (2009) Vorwort. In: Putscher U, Grossmann GU (Hg) Völkisch und national. Zur Aktualität der Denkmuster im 21. Jahrhundert. Wissenschaftliche Beibände zum Anzeiger des Germanischen Nationalmuseums 5. Darmstadt (Wissenschaftliche Buchgesellschaft).
Rank O (1930, 2000) Kunst und Künstler. Studien zur Genese des Schaffensdrangs. Gießen (Psychosozial).
Schwarz R (1960) Kirchenbau. Heidelberg (Kerle).
Siedler WJ (1991) Abschied von Preußen. Berlin (Siedler Verlag).
Spiegel D, Cardena E (1991) Desintegrated experience: the dissociative disorder revisited. J Abnorm Psychol100: 366–378.
Stimmann H (1997) Vorwort. In: Kapitzki C (Hg) Berlin-Visionen werden Realität. Berlin (Jovis).
Stoppel, D (2008) Wilhem Pinder. In: Pfisterer U (Hg) Klassiker der Kunstgeschichte. Bd. 2 Von Pansky bis Greenberg. München (C.H. Beck) 7–20.
Tucholsky K (1929, 2013) Deutschland, Deutschland über alles. Ein Lesebuch. Berlin (Springer).
Volkan V (2000) Gruppenidentität und auserwähltes Trauma. Psyche 54: 931–951.
Volkan V (2002) Nach der Vertreibung. In: Schlösser AM, Gerlach A (Hg) Gewalt und Zivilisation. Gießen (Psychosozial).
Wagner Rieger (Hg) Bundesdenkmalamt (1976) Wiener Fassaden des 19. Jhs. Wien, Köln, Graz (Hermann Böhlaus Nachfolger).

Korrespondenzadresse:
Dr. Bertram von der Stein
Quettinghofstr. 10a
50769 Köln
E-Mail: Dr.von.der.Stein@netcologne.de

Sudhir Kakar

Kultur und Psyche

Psychoanalyse im Dialog mit nicht-westlichen Gesellschaften

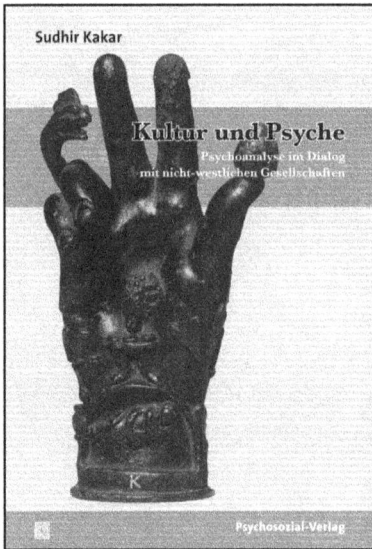

Der bekannte indische Psychoanalytiker Sudhir Kakar zeigt, dass die Rolle der Kultur in der Ausbildung der Psyche ebenso grundlegend in der menschlichen Entwicklung ist wie früheste körperliche Erfahrungen oder familiäre Erlebnisse. Kakars Ansatz zeichnet sich nicht nur dadurch aus, dass er die Psychoanalyse anwendet, um nicht-westliche Kulturen besser zu verstehen; er stellt auch psychoanalytische Modelle infrage, von denen Universalität angenommen wird, die sich aber historisch und kulturell auf den modernen Westen beschränken.

Die vorliegenden Essays behandeln die Rolle der Kultur und kulturelle Unterschiede in verschiedenen Kontexten. Themen sind die Psychotherapie mit nicht-westlichen Patienten, Erfahrungen und Identität von Immigranten, die indische Identitätsbildung, Liebe in der islamischen Welt und das psychoanalytische Verständnis von Religion.

2012 · 149 Seiten · Broschur
ISBN 978-3-8379-2098-7

»Sudhir Kakars Bücher zu lesen, bedeutet immer eine große Freude. Seine Mischung aus Wissen, Humor und Weisheit ist so selten wie sein sowohl schriftstellerischer und zugleich psychoanalytischer Zugang zur Welt.«
die tageszeitung

Walltorstr. 10 · 35390 Gießen · Tel. 0641-969978-18 · Fax 0641-969978-19
bestellung@psychosozial-verlag.de · www.psychosozial-verlag.de

Heimat im Film

Eine Untersuchung zu Heimatfilmen der Nachkriegszeit, im Vergleich zur Trilogie »Heimat« von E. Reitz

Klaus Müller (Berlin)

Zusammenfassung

Es werden Heimatfilme aus den 1950er Jahren untersucht und der des Be-deutungshofs von »Heimat« in einen zeitgeschichtlichen Zusammenhang gestellt. Diese enthalten für viele unserer älteren Patienten wichtige Identifi-zierungs- und Sehnsuchtsobjekte, die Teil ihrer Persönlichkeitsentwicklung wurden. Die vielfach gebrochene Widerspiegelung von Zeitgeschichte wird im Zusammenhang mit zeittypischen Abwehr-Bewegungen in diesen Nach-kriegsfilmen erkundet und die Sentimentalität der Charaktere wird in diesem Kontext gesehen. Diesen Heimatfilmen der frühen 50er Jahre wird die Trilogie *Heimat* (1984–2000) von E. Reitz gegenübergestellt, in der Heimat nicht mehr einer Idealisierung unterliegt. Heimat wird hier als Teil der inneren aus äuße-ren Realitäten erkannt, die dem Wandel der Zeiten unterliegen, und so kann Heimat auch in ihrem Wandel und in ihrer Bedrohtheit dargestellt werden.

Stichworte: Heimatfilm, Sehnsucht, holding environment, Idealisierung

Abstract: »Heimat« in films – An investigation of homeland films of postwar generations in comparison to the trilogy *Heimat* by E. Reitz

The German term »Heimat« (homeland) will be looked upon in the histori-cal context of recent times. The wave of »Heimatfilme« during the 1950's became part of the identifications and personality formation of many of us and of our elderly patients. These productions reflected essential longings of the postwar generation and formed them in their way. It seems that the typical defenses of these contemporaries were responsible for part of the flatness and the sentimentalities of the protagonists of those films. Three of these »Heimatfilme« are reviewed closely. In contrast to them, the trilogy of E. Reitz (1984–2000) will be reviewed. In Reitz's films »Heimat« does no longer underlie defense-driven idealization. As a part of inner and outer reality, »Heimat« does not claim to be beyond time and change.

Key words: »Heimat«, »Heimatfilm«, longing, holding environment, idealization

Einleitung

Man kann dem Genre »Heimatfilm« nicht gerecht werden, ohne dass man etwas von der historisch gewachsenen Komplexität und von der gegenwärtigen Relevanz des Begriffes *Heimat* darstellt.[1]

Seit einiger Zeit hat der Begriff *Heimat* und haben auch Heimatfilme Konjunktur; dies kann man in jeder Fernsehzeitschrift bestätigt finden. Ein ähnlicher Trend zeigt sich in Bezug auf das so schwer fassbare Phänomen *Sehnsucht*. Es wird in der Psychotherapie stärker fokussiert und wurde z. B. für die Jahrestagung der Dresdener Klinik für Psychotherapie und Psychosomatik im Oktober 2012 als Thema gewählt. Im Gegensatz dazu wird unsere Gesellschaft mitunter als *Beschleunigungsgesellschaft* beschrieben. So sollen z. B. in einer Untersuchung der »International Psychoanalytic University in Berlin« *Optimierungszwänge in der Beschleunigungsgesellschaft* untersucht werden. Den Globalisierungsdruck, der die Beschleunigung der Arbeits- und Konsumwelt bewirkt, erleben viele, besonders ältere Menschen, als diffuse Bedrohung und, man kann wohl sagen, als Anwachsen eines »Unbehagens in der Kultur«, auch deshalb, weil zusammen mit der entgrenzenden Globalisierung ein Universalismus Raum greift. Dementsprechend wird beispielsweise auf ein weltweites Eintreten für Menschenrechte, Rechte der Tiere und der Natur gedrängt. Der Einzelne mit seinen egoistischen Glückserwartungen steht diesen universalen moralischen Ansprüchen nicht selten mit diffusen Versagens- und Schuldgefühlen gegenüber. Hatte nicht Freud vor moralischen Überforderungen durch die Kultur gewarnt?

Die Ängste vor weiterer Beschleunigung und vor moralischer Überforderung lösen bei vielen Menschen Gegenkräfte bzw. Abwehr aus. Diese Abwehr kommt dann als Sehnsucht nach überschaubaren Räumen, Geborgenheit und

---

1 Die Tagung »Heimat, Sehnsucht, heile Welt?«, die im Rahmen des 24. Symposions »Psychoanalyse und Altern« 2012 in Kassel stattfand, bildet die Basis dieses Artikels.

sicheren Verhältnissen zum Ausdruck – oder aber als Idealisierung der Vergangenheit, als Nostalgie. Mir scheint, dass es diese Kräfte sind, die die derzeitige Renaissance der Themen Heimat, Sehnsucht und »heile Welt« bewirken.

Man kann der Vielschichtigkeit und Vagheit des Begriffs *Heimat* versuchsweise entgegentreten, indem man zu *Heimat* assoziiert. Dann kann sich eine Kette von Einfällen ergeben, die etwa Folgendes enthält: Heimat-Vertriebene, Heimatverbände, Trachten, Ressentiment, Revanchismus … Folgt man weiteren Einfällen, dann bildet sich jedoch auch eine andere Folge: Heimweh, Heimatverbundenheit, Heimatlosigkeit, Heim(gehen) …

Denkt man über die Einfälle nach, dann fällt auf, dass diese beiden Assoziationsstränge ziemlich getrennt voneinander verlaufen: Sie scheinen unterschiedliche *Quellen*, bzw. *innere Orte* zu haben. Zu dem ersten Strang: Heimat-Vertriebene, Heimat-Verbände, Trachten, Ressentiment, Reaktionäres …: Es ist, als würden sich hier ideologische bzw. zeitgeschichtlich bedingte Phänomene so manifestieren, als wenn dieser Strang kontaminiert wäre. Er hat offenbar eine ideologische bzw. zeitgeschichtlich bedingte Aufladung erfahren, die unserer deutschen Geschichte geschuldet ist. Man kann wohl sagen, dass die originären (bis ins Vorsprachliche zurückreichenden) *Heimat*-Erfahrungen im Verlauf der psychosozialen Entwicklung mehr oder weniger stark überformt und verändert werden – z. B. im Sinne einer Idealisierung von Heimat oder einer Aufladung mit Ressentiments.

So wurde während der nationalsozialistischen Herrschaft der Gefühls-Begriff *Heimat* zusammen mit vielen anderen Begriffen, wie *Volk, Scholle* oder *Gemeinschaft* von der allgegenwärtigen Propaganda ideologisch »besetzt« und in Dienst genommen – z. B. um Menschen, die nicht als Volksgenossen definiert waren, auszuschließen. Diese ideologische Besetzung führte dazu, dass diese Begriffe für viele von uns Heutigen dauerhaft *verdorben* sind und daher meist gemieden werden – oft gilt das auch für die dazugehörigen Themenfelder. Worauf ich mit diesen Bemerkungen hinweisen wollte: Wir können uns diesen Begriffen und den dazugehörigen Fantasien nicht ohne Rückgriff auf unsere Geschichte nähern (wahrscheinlich sollte man hier noch viel weiter ausgreifen).

Wenn wir kurz zurückblicken auf die Zeit zwischen den beiden Weltkriegen, können wir sicherlich sagen, dass eine solche ideologische Aufladung von *Heimat* nur stattfinden konnte, weil die deutsche Bevölkerung mehrheitlich nach dem Ersten Weltkrieg erlebte, dass Deutschland, narzisstisch hoch besetzt, von den Siegermächten mit Füßen getreten wurde. Scham über die scheinbar plötzliche Niederlage und Wut über die »ungerechte« Behandlung Deutschlands. Deutschland wurde von den Siegern die Alleinschuld an den entsetzlichen Verwüstungen und Opfern zugeschrieben. Sie machten für die meisten aus dem zunächst so idealisierten, stolzen Deutschen Reich mit seiner »schimmernden Wehr« ein den Siegern ausgeliefertes wehr-loses Opfer und ließen diesen Frieden als *Schmach* erleben. Diese Verarbeitung der Niederlage stand einer wirklichen Trauer über die furchtbaren Verluste und die anderen zugefügten Schäden im Wege.

So konnte eine charismatische Führerpersönlichkeit mithilfe einer skrupellosen und fanatischen Truppe und einer geschickten Propaganda diese Ent-Täuschungen und Ressentiments relativ leicht durch Drohung und Verführung instrumentalisieren und kanalisieren z.B. indem die Propaganda abgewertete Selbstanteile nutzte und auf *Sündenböcke* projektiv lenkte, auf entartete Künstler, »unwertes« Leben, auf andere *Rassen*, sowie gegen Kommunisten und Sozialdemokraten, die als erste schon 1933 zu Zehntausenden in KZs verbracht wurden. Mit diesen Bemerkungen soll ausdrücklich nicht eine hinreichende *Erklärung* der Massenmorde im Dritten Reich versucht werden – es bleibt immer eine furchtbare Lücke in unserem Verstehen, die wir oft notdürftig mit Empörung zu füllen suchen.

Mit dem Ende des Zweiten Weltkriegs kam es wieder zu einer bedingungslosen Kapitulation und damit zu einer erneuten Demütigung – insbesondere auch deshalb, weil große Teile des ehemaligen Deutschen Reiches, die für Millionen Heimat gewesen waren, anderen Ländern zugesprochen wurden. Flucht und Vertreibung hatte es nach dem Ersten Weltkrieg nicht in dem Ausmaß gegeben. Psychologisch entscheidend war aber sicherlich, dass die Scham- und Schuldgefühle wegen der angerichteten moralischen Verwüstungen im Zusammenhang mit der industriellen Vernichtung von Menschen und anderer Gräueltaten, wie dem Vernichtungskrieg im Osten, für viele Deutsche so unerträglich waren, dass wiederum kaum ein gemeinsames Erinnern und Betrauern stattfand. So kam es in der Nachkriegszeit zu vielen Formen der Verleugnung und sonstigen Formen psychischen Vermeidungsverhaltens, besonders aber zu einer weit verbreiteten Sprachlosigkeit sowohl bei Tätern und Mitläufern, aber auch bei denen, die versucht hatten, in Distanz zum Regime zu bleiben (Fest 2008, Ruff 2009) und sogar auch bei denjenigen, die Opfern geholfen hatten. Die Sprachlosigkeit war auch bei den Opfern selbst vorhanden, dabei waren die Motive für das Beschweigen des Erlebten sehr unterschiedlich.

Nach diesen Vorüberlegungen möchte ich einige Filme aus den frühen 50er Jahren vorstellen. In jener Zeit etablierte sich in Deutschland und Österreich ein besonderes Genre von Filmen, die es so woanders nicht gibt, die Heimatfilme. Es handelt sich um eine Welle von fast 300 Filmen, in denen typischerweise eine Liebesgeschichte auf gefühlige Weise in einer fast immer sonnenbeschienenen Landschaft – in einer quasi *heilen Welt* – inszeniert wird. Es gibt in diesen Filmen viele Musikeinlagen oft mit Volksmusik. Es werden Verwicklungen dargestellt, es gibt Bösewichte aus der Stadt oder aus der Fremde kommend, aber am Ende wendet sich alles zum *Guten* – es darf geheiratet werden. Falls eine Obrigkeit auftaucht, so ist sie wohlwollend. Sie wird auch nicht kritisiert, ebenso wenig wie die konservativen Werte. In der DDR gab es kaum vergleichbare Filmproduktionen.[2]

Diese Filme erschienen also als Produkte der Bundesrepublik Anfang der 50er Jahre, als die unmittelbare Notzeit vorüber war, man sich aber noch recht genau daran erinnerte. Nicht erinnern mochte man sich hingegen daran, was in der Kriegs- und nationalsozialistischen Vorkriegszeit angerichtet worden war. Viele unserer älteren Patienten und auch wir haben diese und ähnliche Filme in der Jugendzeit gesehen, in einer Phase also, in der wichtige Identifizierungen stattfinden, die zur Identitätsbildung beitragen. Die sehr hohen Zuschauerzahlen legen nahe, dass diese Unterhaltungsfilme den Sehnsüchten vieler Menschen der damaligen Zeit entgegenkamen.

Ich habe aus der großen Zahl von Filmen dieser Zeit drei Filme ausgewählt, die zu den ersten dieser Welle gehören und die besonders viele Zuschauer ansprachen. Vorstellen möchte ich: *Das Schwarzwaldmädel* (1950) mit 15 Mio. Besuchern, sowie *Grün ist die Heide* (1951) mit 19 Mio. Besuchern und *Am Brunnen vor dem Tore* (1952) mit ähnlichen Besucherzahlen.

Das Schwarzwaldmädel mit Sonja Ziemann und Rudolf Prack war der erste deutsche Nachkriegs-Farbfilm (Regie: Hans Deppe, Drehbuch: B. E. Lüthge). Diese beiden Schauspieler wurden zum Traumpaar mehrerer Heimatfilme. Ich will auf die Handlung mit ihren Verwicklungen hier nicht näher eingehen. Schauplatz ist im Wesentlichen ein Schwarzwald-Dorf und dies steht als »heile Welt« im Kontrast zur verdorbenen, berechnenden Stadt, und die entsprechenden Protagonisten sorgen für Konflikte. Auf der Leinwand erscheint eine dörflich-heile Heimat – als Gegensatz zu den kaputten Städten – und es wird eine »heile Welt« in Abwendung von der »heillosen« Geschichte inszeniert. Szenisch wird dies als Kontrast zwischen dem eher bieder verlässlichen Schwarzwald-Mädel, das zwar in der Stadt arbeitet, aber seine dörfliche Herkunft nicht verleugnet, und einer frivolen und manipulativen Bühnendarstellerin aus der Stadt dargestellt.

Mit diesen Ingredienzien wurden auch Vorgaben für die folgenden Filme dieses neuen deutschen Genres gemacht. Die biedere Machart dieser Filme nimmt den CDU-Wahlspruch von 1957 vorweg: »keine Experimente«.

---

2 *Schlösser und Katen* (Regie: Kurt Maetzig, 1956/57) könnte man am ehesten als mecklenburgischen Heimatfilm bezeichnen; hier ist aber die soziale Thematik das eigentlich Beherrschende.

Die Möglichkeit zum Gefühlsüberschwang findet sich nach dem Krieg in der »Privatheit« des regressionsfördernden Kinodunkels und nicht mehr durch propagandistische Aufheizung der Volksgemeinschaft. Das für spätere Generationen auffallend Gefühlig-Kitschige dieser Filme verrät wohl etwas von der verleugneten Gefühlsgeschichte, zu der auch die mangelnde Anteilnahme mit Ausgegrenzten während der NS-Zeit gehört. Verleugnung und Verdrängung von Aggression sind nach den vorangegangenen Gewalterfahrungen in diesen Unterhaltungsfilmen stark ausgeprägt; auch deshalb wirken die Protagonisten oft eindimensional und sentimental.

Der zweite Film, der hier behandelt werden soll, enthält manifest mehr Zeitgeschichte. *Grün ist die Heide* kam 1951 in die Kinos. (Regie: Hans Deppe). Die Tochter des im Grunde edlen Wilderers (Hans Stüwe) wird auch hier von Sonja Ziemann gespielt, die nach Verwicklungen zum jungen Förster (Rudolf Prack) findet. Dieser versucht, den Wilderer zu stellen, ohne zu wissen, dass dieser ihr Vater ist. Auch hier soll durch Landschaft – hier als Heidelandschaft – eine Verortung und Verwurzelung suggeriert werden, die bejaht werden soll und die als heile Welt – vor einer unheilen Gegenwart und Vergangenheit – Geborgenheit im Sinne eines »holding environment« ausstrahlt. Dies war bedeutsam sowohl für die Kinogänger in den noch weitgehend zerstörten Städten, wie auch für die Heimatvertriebenen, die sich neu zu verorten hatten.

Grün ist die Heide von 1951 folgt einem gleichnamigen Film von 1932.[3] In diesem früheren Film war der Wilderer einfach ein verarmter Gutsbesitzer. In der Fassung von 1951 wird diese Figur zu einem Heimatvertriebenen, der den Verlust von Heimat und Gut nicht verwinden kann und aus diesem Grunde dort zwanghaft wildert, wo er nicht heimisch werden kann. Beim Wildern lebt er die Fantasie aus, Flucht bzw. Vertreibung hätten nicht stattgefunden und er sei noch Herr seines Waldes. Gegen Ende des Films hält er vor anderen Vertriebenen und vor den Heide-Dorfbewohnern eine längere Rede, in der er oft mit dem Gesicht zum Kino-Publikum um Verständnis für das Schicksal der Vertriebenen wirbt. Der Wilderer findet nun in der Gruppe der Heimatvertriebenen Geborgenheit und Verständnis bei den »Hiesigen«. Er findet eine neue Heimat und braucht nicht – horribile dictu – in die noch fremdere Stadt zu fliehen, denn ein anderer, ein Fremder mit dem fremden Namen »Bistek« hat inzwischen die Rolle des Bösen usurpiert: Dieser hat

---

3 Das Drehbuch von 1932 war von eben dem B. E. Lüthge geschrieben worden war, der auch für die Überarbeitung des Drehbuchs von 1951 verantwortlich war. Lüthge hatte auch das Drehbuch für den NS-Propagandafilm »Hitlerjunge Quex« (1933) geschrieben. Heimatfilme selbst und die an ihnen Beteiligten haben eine Vorgeschichte, die eine gesonderte Untersuchung bräuchte.

nicht nur Wild, sondern auch einen Polizisten erschossen, was die Schuld des heimatvertriebenen Wilderers in ein mildes Licht rückte. Zweifellos trug die Einarbeitung des Themas Vertreibung zum Erfolg des Films bei. In manchen dieser Heimatfilme wird also auf die aktuellen gesellschaftlichen Probleme der Zeit durchaus angespielt, sie werden aber als gelöst oder zumindest als einfach lösbar dargestellt: So liegt die zweite Heimat in greifbarer Nähe.

Beim Schürzen von Gefühlsknoten und auch bei der Lösung innerer Spannungen bedienen sich diese Filme häufig volkstümlicher Musik. Dort, wo sich in dem Film *Grün ist die Heide* die Integration des Vertriebenen in seine Landsmannschaft vollzieht, werden gemeinsam mehrere Strophen von »Riesengebirglers Heimatlied« mit Zither-Begleitung gesungen: Drei fahrende Gesellen singen die vertonten Gedichte des Heimatdichters Hermann Löns, während zarte Bande zwischen der Vertriebenen-Tochter und dem jungen Förster gesponnen werden. In den 1920er Jahren hatte B. E. Lüthge mit Militärkomödien und entsprechenden musikalischen Einlagen reüssiert. In den hier besprochenen frühen Nachkriegs-Heimatfilmen wird hingegen die Volksmusik benutzt, um eine »Propaganda der Innigkeit« zu betreiben, als solle die Volksgemeinschaft in ihrem Überschwang jenseits der Militärmusik auf leisere Töne eingestimmt werden.

Am Brunnen vor dem Tore, der dritte der frühen Nachkriegs-Heimatfilme[4] kam 1952 in die Kinos (Regie: Hans Wolff). Die Kulisse liefert hier die Klein-stadt Dinkelsbühl, das vergleichsweise unzerstört geblieben war. Ein deutscher Ex-Flieger trifft dort zufällig einen Engländer, den er im Kriege abgeschossen und ihm anschließend das Leben gerettet hatte, nachdem er neben ihm gelan-det war. Im Rahmen eines solchen Klischees suchte man hier an die ritterliche Flieger-Folklore aus dem Ersten Weltkrieg anzuknüpfen. Dieser englische Flieger (Fritz Wagner) war als Besatzungsoffizier an diesem Ort stationiert. Er und sein deutscher »Be-Sieger« lieben dieselbe Frau. Bemerkenswert ist, dass der Engländer mit einem schwarz-rot-goldenen Schal herumläuft; er und seine Eltern sprechen akzentfrei deutsch. Aus der Rivalität um die Frau geht der deutsche Rivale als Sieger hervor: Der Engländer verzichtet nach einigen Verwicklungen auf Sonja Ziemann, beglückwünscht seinen deutschen Rivalen und verabschiedet sich problemlos freundschaftlich.

---

4   Die sehr erfolgreichen *Sissi*-Filme, die man ebenfalls als Heimatfilme bezeichnen könnte, lasse ich außen vor. Sie wurden etwas später gedreht (ab 1955) und gelten eher als österreichische Historienfilme. Die »Heidi-Filme« (ab 1952), eine Schweizer Produktion, sind eher unter Kinderfilme einzureihen, Landschaft hat in ihnen einen zentralen Platz – auch hier im Sinne eines »holding environment« (vgl. F.R. Rodman 2002), Heimstatt des Halt gebenden »Öhis«.

In diesem Film ziehen die Engländer (der Ex-Flieger mit seinen englischen Eltern) also besiegt – und in aller Freundschaft ab. Dies ist der Kern dieser unwahrhaftigen Story, deren krimihafter Rest hier nicht relevant ist. Bemerkenswert ist, dass die Realität des nach einer bedingungslosen Kapitulation besetzten und moralisch diskreditierten Landes hier besonders stark verleugnet und umgebogen wird. Sehr indirekt kommt gesellschaftliche Realität im Rahmen eines Umzugs innerhalb des Films zum Ausdruck: In historischen Kostümen wird daran erinnert, wie im 30-jährigen Krieg eine junge Frau mit einem Kind auf dem Arm die siegreichen Schweden dazu bringt, die Stadt nicht zu zerstören. Nur in dieser historischen Verkleidung, verbunden mit lang ausgespielter Marschmusik, fanden kompromisshaft Publikumsgeschmack und die aktuelle Situation der frühen 50er Jahre zueinander.[5]

Auch in diesem Heimatfilm gibt es einen Bösewicht, ein unglücklich Liebender, der aus Liebessehnsucht Unrecht begeht. In dieser Figur können scham- und schuldbesetzte Inhalte untergebracht – und schließlich entsorgt werden, indem sich dieser *Bösewicht* selbst richtet und erschießt. So ist am Ende alles, was die Idylle stört, scheinbar rückstandslos beseitigt. Diese drei Filme habe ich pars pro toto ausgewählt.

Die 60er Jahre veränderten die Kino-Landschaft und damit auch den Heimatfilm beträchtlich. »Papas Kino ist tot«, erklärten Alexander Kluge und Edgar Reitz im Oberhausener Manifest. Der Heimatfilm ging unter, um allerdings etwas später als »kritischer Heimatfilm« wieder aufzutauchen. Dieser Trend wurde eingeleitet mit dem Film *Jagdszenen aus Niederbayern* von 1968 (Regie: Peter Fleischmann; Martin Sperr in der Hauptrolle). Nun wird die Wirklichkeit der Provinz nicht mehr verklärt, sondern vielmehr aufgespießt, wie die unheilvolle Tendenz zum Ausschließen derer, die nicht dazugehören: die Fremden, die Andersartigen überhaupt.

Eine Dekonstruktion des Heimatbegriffes suchten wohl auch spätere Filme zu erreichen, in denen *Heimat* veralbert und sexualisiert wurde, wie in: *Unterm Dirndl wird gejodelt* (Regie: Alois Brummer 1974) oder in *Die Geierwally* von 1984 (Regie: Walter Bockmeyer) – die Geierwally wird von einem Mann (Dirk Bach) gespielt[6].

Ein ganz anderes Bild von Heimatfilm bietet die Filmtrilogie *Heimat* von Edgar Reitz, die den Zeitraum von 1918 bis 2000 filmisch nachzeichnet. Die

---

5 Wiederum ist es B. E. Lüthge, von dem das Drehbuch stammt (flankiert von dem Filmmusik-Komponisten W. Schmidt-Gentner). Das Portal »Cinema« nannte diesen Film eine »Volksmusik-Hitparade mit Rahmenhandlung«.

6 Viele Heimatfilme sind zeitgemäße Umwandlungen von filmischen Vorläufern, auch von

Trilogie umfasst insgesamt mehr als 50 Filmstunden. Ich kann den überaus komplexen Gang der Handlung hier nur anreißen. Man kann ganz allgemein sagen, dass das Spannungsverhältnis zwischen Wachstum und Individuation einerseits und Verwurzelung andererseits dargestellt und entfaltet wird. Auch diese Filme, die im Fernsehen ausgestrahlt wurden, haben sehr viele Menschen erreicht.

Über den Inhalt hier nur so viel: Im ersten Teil (1984 gedreht) wird die Spannung zwischen Paul und seiner dörflichen Umgebung entfaltet. Paul ist ein Kriegsheimkehrer aus dem Ersten Weltkrieg, der im Grunde nicht mehr heimfindet, sondern seinem Dorf und seiner Heimat, seinem Heim und seiner Familie entfremdet bleibt. Er verschwindet eines Tages aus dem Dorf und kehrt viel später als »gemachter« Mann aus den USA zurück. Auf der anderen Seite stehen die daheimgebliebenen Dorfbewohner, deren unterschiedliche Schicksale wir über die Zeit des NS und den Zweiten Weltkrieg begleiten. Die Verschiedenheit ihrer Schicksale zu Pauls Vita hat eine im Grunde unüberbrückbare Kluft hinterlassen – und so kehrt Paul abermals vergeblich heim. Diese Thematik wird im 1. Teil von Reitz' *Heimat* ausgestaltet.

Hermann, der Stiefsohn des o. g. Paul ist im zweiten Teil der Trilogie der Handlungsträger. Das Geschehen beginnt mit den 60er Jahren (gedreht 1992). Hier geht es im Wesentlichen um eine Absage an Heimat, Eltern und Herkunft. Junge Künstler, die in München zusammengefunden haben, suchen den Bruch mit der vergifteten Vergangenheit ihrer Eltern – auch in ihrer Kunst, die keine Vorläufer kennen will. Das hat spürbar etwas Verzweifeltes, weil so viel Vergeblichkeit in diesen Versuchen steckt, eine zweite Heimat in Verneinung bzw. Verleugnung der Ursprünglichen zu erschaffen. Die Selbst-Entwurzelung der Handelnden ist letztlich auch ein Kampf gegen Selbstanteile, weil in diesem Kampf Identifizierungen mit den Daheimgebliebenen verleugnet werden. In den unheimlich gewordenen Beziehungen besonders zu den Müttern verbergen sich Projektionen des eigenen uneingestandenen Bösen, und dies schlägt sich in den ambivalenten Liebesbeziehungen dieser jungen Leute nieder, die meist an der Angst vor Bindung scheitern, weil Bindung die künstlerische und persönliche Entwicklung anzugreifen scheint.

Im dritten Teil der Trilogie (2004) findet eine behutsame Wiederannäherung an die dörfliche Heimat durch Hermann, die Hauptperson des zweiten Teils, statt. Schließlich renoviert er in der Nähe seines Heimatdorfes ein

---

Operetten, so »Das Schwarzwaldmädel«. »Die Geierwally« wurde bereits 1921 und 1940 und dann 1956 auf der Basis einer literarischen Vorlage (von Wilhelmine von Hillern) verfilmt, »Grün ist die Heide« basiert auf Motiven von Hermann Löns. Eine Darstellung der Geschichte dieser Filme und der Beteiligten wäre interessant, würde aber diese Arbeit sprengen.

geschichtsträchtiges Haus und dieses wird langsam zu einer Heimstadt für recht unterschiedliche Personen. In dieser Trilogie kommt es aber nicht zu einem klassischen *happy end*. Eher überwiegen am Ende Scheitern, Verlust und Niedergang. Der Film endet am Neujahrs-Morgen mit zwiespältigen Aussichten auf das neue Jahrtausend.

In der so gerafften Darstellung von mehr als 50 Stunden Film kann natürlich die enorme Komplexität der Handlungsstränge nicht vermittelt werden – ich hoffe jedoch, ein wenig von der psychischen Komplexität vermittelt zu haben, die die Figuren dieser Filme auszeichnet. Es besteht ein gewaltiger Unterschied zu den Heimat-Filmen am Beginn der 50er Jahre, die sich so naiv geben und die auch wegen ihrer psychologischen Eindimensionalität und dem Ausmaß von Verleugnung und Abspaltung so unwahr und sentimental wirken.

In den Filmen *Heimat* von E. Reitz erleben wir dagegen schmerzlich mit, wie *Heimat* dem Lauf der Zeit unterworfen ist. Sie bleibt eben nicht im Sinne einer idealisierten Heimat von Geschichtlichkeit unberührt. Zeitgeschichtliche Veränderungen prägen die Bewohner – also die Figuren im Film – und diese prägen wieder auf unterschiedlichste Weise ihre *Heimat*.

Abschließend möchte ich noch einmal kurz auf die Heimatfilme der 50er Jahre zurückgreifen. In *Grün ist die Heide* habe ich einen wichtigen Aspekt bisher außer Acht gelassen. Die Tochter des Wilderers fragt ihren Vater beklommen, nachdem man ihr sein Gewehr gebracht hat, was er getan habe. Sie ahnt es und weiß es eigentlich. Er erwidert ärgerlich: »Das verstehst du nicht, das kannst du nicht verstehen.« War das nicht die Konstellation, in der sich die Nachkriegsgeneration gegenüber ihren Eltern, besonders den Vätern gegenüber befand? Meist hat man sich damals – oft über »1968« hinaus, mit solchen einschüchternden Zurückweisungen eingerichtet. So entstand das gemeinsame Schweigen, »die bleierne Zeit«. In dem Film *Grün ist die Heide* wird gegen Ende das Schweigen gebrochen – aber nur auf der Ebene des Wilderns und der erlittenen Vertreibung, deren Opfer dieser Mann war; zugleich aber wurde sein früheres Tun außen vor gelassen. Wir dürfen aber annehmen, dass bei den Zuschauern der 50er bei solchen Szenen manches anklang, was noch lange warten musste bzw. in kleineren Zirkeln, wie z. B. von den Schriftstellern der »Gruppe 47« vorformuliert wurde, bevor es das öffentliche Bewusstsein wirklich beeinflussen konnte.

Wie anders ist doch die Situation bei dem Film *Am Brunnen vor dem Tore*. Auch hier klingt Nachkriegsgeschichte an, sie wird aber gemäß einer Wunschfantasie umgewandelt und umgelogen: Es war alles nicht so schlimm, man hat rivalisiert und ritterlich gekämpft, aber man bleibt befreundet.

Trotzdem sollten wir die Heimatfilme der 50er Jahre auch als eine Antwort auf die Sehnsucht verstörter Menschen aus zerstörten Städten verstehen, Menschen, die sich nach einer Welt sehnten, in der alles beim Alten ist – wobei »das Alte« idealisiert und vage einer vorindustriellen Zeit zugeschrieben war. Eine solche Idealisierung ist das Kennzeichen von Nostalgie – dementsprechend ist etwa von einem »Kindheitsparadies«, oder von der »guten alten Zeit« die Rede. Idealisierung ist hier auch eine Abwehr von schmerzlicher Erinnerung, die Schuld- und Schamgefühle, Trauer und Traumatisierung birgt, und die bezeugt, nicht einmal damals war wirklich alles so schön und heil (Türcke 2006).

Diejenigen von uns, besonders die Älteren, die mit dem Wandel der Verhältnisse unserer globalisierten und beschleunigten Welt nur noch mühsam Schritt halten können, sehnen sich auch heute nach einer Welt mit stabilen und von allen anerkannten Werten – nach einer Welt, die von Jugend an vertraut ist – und sei es auch nur vertraut als früherer Sehnsuchtsort. In den Heimatfilmen, die auch *Schwarzwaldklinik* oder *Der Landarzt* heißen können, finden sich personale und nicht-personale Objekte (Bohleber 1999), die einen sicheren Halt besonders denen versprechen, die nicht genug Halt durch gute innere Objekte und durch ein verlässliches, nicht-verfolgendes Über-Ich haben.

Literatur

Bohleber W (1999) Psychoanalyse, Adoleszenz und das Problem der Identität. In: Psyche 53: 507–529.

Dollner M (2005) Sehnsucht nach Selbstentbindung – die unendliche Odyssee des mobilgemachten Helden Paul im Film »Heimat« – Mit einem Interview mit Edgar Reitz. In: Mannheimer Studien zur Literatur- und Kulturwissenschaft, Bd 35. Röhrig Universitätsverlag (St. Ingberg).

Freud S (1969) Vergänglichkeit. In: Freud GW Bd X. Frankfurt (Fischer) 358–361.

Fest J (2008) Ich nicht – Erinnerungen an eine Kindheit und Jugend. Reinbek (Rowohlt Taschenbuch).

Mitscherlich-Nielsen M (1992) Die (Un)fähigkeit zu trauern in Ost- und Westdeutschland – was Trauerarbeit heißen könnte. Psyche 46: 406–418.

Parin P (1994) Heimat, eine Plombe. Sabine Groenewold (Hg) Bd 21. Hamburg (Europäische Verlagsanstalt).

Türcke C (2006) Heimat – eine Rehabilitierung. Springe (Zu Klampen Verlag).

Rodman FR (2002) The holding environment – After september 11. Psychoanalysis in the twenty-first century. Free Associations 9: 487–499.

Ruff W (2009) Scham, Schuld und Trauer – Zum Umgang mit unserem Kriegs- und Nachkriegsleid. In: Wellendorf F, Wesle T (Hg) Über die (Un)Möglichkeit zu trauern. Stuttgart (Klett-Cotta) 293–312.

Vossberg U (2009) Der deutsche Heimatfilm. In: www.planet-wissen.de

Korrespondenzadresse:
Dipl.-Psych. Klaus Müller
Psychoanalytiker in freier Praxis
Miquelstr. 55b
14195 Berlin
E-Mail: klausmu@freenet.de

»Heimat« am Obersalzberg

Die Sehnsucht nach Versöhnung mit dem geliebten Täter-Vater am Beispiel der Vater-Sohn-Beziehung von Veit und Thomas Harlan

Peter Giesers † (Köln) und Christoph Tangen-Petraitis (Leverkusen)

Zusammenfassung

Gibt es eine »Heimat« im Land der Täter? In Dachau, Buchenwald, Bergen-Belsen? Im Schatten des Obersalzbergs? Thomas Harlan, der rebellische Sohn des *Jud Süss*-Regisseurs Veit Harlan, hat die letzten Jahre seines Lebens in einem Lungen-Sanatorium mit direktem Sichtkontakt zum Obersalzberg verbracht: »Hitler hätte mich sehen können«. In seinen Werken hat er sich bis zu seinem Tod mit dem Schicksal beschäftigt, Sohn eines Vaters zu sein, der mit seinen Filmen Judenverfolgung und Massenmord unterstützt hatte, ohne sich später jemals zu seiner Schuld zu bekennen. Im Gegenteil: Veit Harlan, Lieblingsregisseur von Göbbels, hatte Zeit seines Lebens eine Mitschuld geleugnet wie die meisten Täter und Mitläufer in Deutschland. Thomas Harlan hat seinen Vater einerseits »ungeheuer geliebt«, aber auch zutiefst verachtet und mit Leidenschaft bekämpft. Sein Ringen mit dem Vater steht im Mittelpunkt unserer Untersuchung über die Sehnsucht der Kriegskinder nach Wiedergewinnung von Heimat über die »Versöhnung« mit ihren Täter-Vätern.

Stichworte: Heimat, innere Vaterlosigkeit, transgenerationale Weitergabe von Traumata, Psychotraumatologie, Harlan

Abstract: »Home near the Obersalzberg« – Longing for reconciliation with the beloved perpetrator father – using the example of the father-son relationship between Veit und Thomas Harlan

Is there any home in the country of the perpetrators? In Dachau, Buchenwald,

Bergen-Belsen? In the shadow of the Obersalzberg? Thomas Harlan, the rebellious son of the »Jud Süß«-director Veit Harlan, spent the last years of his life in a lung-clinic near the Obersalzberg: »Hitler could have seen me«. In his works and until his death, Thomas Harlan was engaged with his fate, to be the son of a father who had supported the holocaust, without ever having to admit to his guilt. In contrast: Veit Harlan – favorite director of Göbbels – has denied his blame throughout his life – like most of the perpetrators and followers in Germany. On the one hand, Thomas Harlan has loved his father »enormously«, on the other hand, he has also deeply despised and fought him passionately. His struggle with his father is the focus of our study. It is about the war children's desire to restore the sense of home through »reconciliation« with their perpetrator fathers.

Key words: homeland, inner fatherlessness, transgenerational transmission of trauma, psychotraumatology, Harlan

Die zerstörte Heimat der Kriegskinder

Die Generation der Kriegskinder erlebte den Krieg anfangs als Spiel, das viel Raum bot für Heldenverehrung, Idealismus und Begeisterung. Es war eine Generation, die im Geiste falscher Ideale und falscher Helden aufgewachsen ist. Am Ende der Kindheit lag Deutschland in Schutt und Asche, Bilder von Leichenbergen, Zerstörung, Hunger, Angst vor Bestrafung, Vertreibung und Entwurzelung prägen die Erinnerungen. Den Kriegskindern wurde in der sogenannten Entnazifizierung allmählich bewusst, dass ihre Eltern am schrecklichsten Zivilisationsbruch der Menschengeschichte mitgewirkt hatten. Schuld und Scham waren unermesslich. Die Kriegskinder hatten innerlich und äußerlich ihre Väter verloren: Viele Väter kehrten gar nicht oder als gebrochene Männer zurück in die Heimat. Ihre Autorität und Glaubwürdigkeit hatten sie verloren. Als Garanten für Recht, Gesetz und Ordnung waren sie als mehr oder weniger wichtige Rädchen in einer ungeheuerlichen Vernichtungsmaschinerie entlarvt worden. Der Name des Vaters und der Heimat war auf unabsehbare Zeit vergiftet.

Das Leiden der Kriegskinder wird erst in den letzten Jahren systematischer erforscht. Es zeigt sich, dass sie heute im Alter verstärkt bemüht sind, ihre Traumata aufzuarbeiten und die tiefen Brüche in ihrer Geschichte zu kitten. Offenbar ist es nötig, vor der Beendigung des Lebens die früheren Wunden erneut aufzusuchen und die abgerissenen Verbindungen zu überbrücken. Es ist wie eine Suche nach Abrundung des Lebens. Die Kinder der Kriegsgeneration haben es dabei besonders schwer, weil sie bei der Aufarbeitung ihrer Geschichte von ihren Vätern in mehrfacher Weise im Stich gelassen wurden.

Das Bedürfnis, die Lebensgestalt abzurunden, verweist auf den Wunsch, sich seinen Platz in der Geschichte einer Gemeinschaft zu sichern, ehe man diese Welt verlässt. *»Um seinen Platz abtreten zu können, muss man erst einmal einen haben«*, schreibt Danielle Quinondoz (2010, 20). Das Sterben wird erschwert, wenn man sich nicht verortet fühlt und seinen Platz in der Welt nicht spürt. Dieser Platz ist nach Quinondoz ein innerer Ort, der die unterschiedlichen Erinnerungen des Lebens integriert. Wo die Rekonstruktion der Lebensgeschichte durch traumatische Beziehungserfahrungen erschwert ist, entsteht ein Gefühl der inneren Heimatlosigkeit. Innere Beheimatung braucht das Gefühl der Kohärenz und Kontinuität. Die Kohärenz entspricht dem Wunsch, unsere eigene Geschichte nachvollziehbar zu verstehen. Kontinuität wird im Altern dadurch erlebt, dass man auf etwas zurückgreifen kann, das uns ein Gefühl des inneren Vertrauens gibt. In dem Bemühen um Kohärenz und Kontinuität erhält die äußere Heimat eine hohe Bedeutung.

Im Alter gehen wir in einer inneren Auseinandersetzung mit unserer Lebensgeschichte noch einmal zurück zu unseren Wurzeln, an die Orte der frühesten Bindungserfahrungen. *»Heimat entsteht in einer Beziehung, erst dann kann sie sich ausdehnen auf eine Landschaft oder eine Umgebung«*, meint Pflichthofer (2012). Die Beziehungserfahrung in der Kindheit entscheidet darüber, ob wir im Erwachsenenalter Heimatlosigkeit als nicht erträglichen Verlust erleben oder eine Heimat in uns tragen. Für Paul Parin ist die »äußere« Heimat wie eine »Plombe« für das fehlende »innere« Selbstgefühl (Parin 1996, 18). Die Wiederbelebung von Heimatgefühlen diene dazu, *»Lücken auszufüllen, unerträgliche Traumen aufzufangen, seelische Brüche zu überbrücken, die Seele wieder ganz zu machen«*. Er kommt zu dem Schluss: *»Wer ein gutes Selbstgefühl hat, der hat Heimat, wem es daran gebricht, der habe Heimat«* (ebd., 18).

Der oft melancholische Grundtenor der Heimatgefühle verweist darauf, dass die äußere Beschäftigung mit Heimat die innere Erkenntnis überlagert, keine ausreichend guten Bindungserfahrungen gehabt zu haben. Wenn Ernst Bloch (1979, 1628) fragt, ob Heimat vielleicht etwas sei, *»das allen in die Kindheit scheint und worin noch niemand war«*, deutet er an, dass Heimat eine Konstruktion ist: In den Heimatgefühlen wird eine frühe Seligkeit idealisiert, die nie wirklich existiert hat; sie diene der illusionären Wiederaufrichtung einer nie gehabten Liebe zu den frühen Objekten im Dienste der Abwehr der Erfahrung von Getrennt-Sein. In der melancholischen Sehnsucht nach Heimat, im Heimweh, ist die Suche nach der Nähe zu den geliebten Objekten stets verbunden mit dem Wissen um das Entfernt-Sein. Heimat beschreibt mithin das paradoxe Verhältnis zwischen »Einssein« und »Getrenntheit«. In der Hin- und Her-Bewegung zwischen beidem konstruiert sich die »Identität des Selbst« (Durban 2009, 721).

Die innere Vaterlosigkeit der Kriegskinder

Der Verlust der Heimat ist im Nachkriegsdeutschland eng verbunden mit dem Verlust des »Vaterlandes«. Viele Kriegskinder haben ihre Väter oft ganz konkret verloren. Aber die psychoanalytische Rede von der »Vaterlosigkeit« bezieht sich vor allem auf den inneren Verlust: Die enge Bindung an gebrochene, beschädigte und beschämte Väter führte nach dem Zusammenbruch der Nazi-Diktatur zu einer *»traumatische(n) Entwertung des eigenen Ich-Ideals, mit dem man so weitgehend identisch geworden war«* (Mitscherlich u. Mitscherlich 1967, 30). Der *»Traum, einer Herrenrasse anzugehören, die nicht an die Beschränkung des Gewissens gebunden war«*, war ausgeträumt (ebd., 32). Die Fusion mit einem unzerstörbaren idealisierten Objekt war unwiederbringlich verloren: *»Die Konfrontation mit der Einsicht, dass die gewaltigen Kriegsanstrengungen wie die ungeheuerlichen Verbrechen einer wahnhaften Inflation des Selbstgefühls, einem ins Groteske gesteigerten Narzissmus gedient hatten, hätte zur völligen Deflation des Selbstwertes führen, Melancholie auslösen müssen, wenn diese Gefahr nicht durch Verleugnungsarbeit schon in statu nascendi abgefangen worden wäre.«* (ebd., 39)

Nach 1945 waren die Deutschen mit der Schande konfrontiert, einen barbarischen Führer geliebt zu haben und an ungeheuerlichen Verbrechen beteiligt gewesen zu sein. Die meisten der verstrickten Kriegseltern wählten den Weg der Verleugnung. Die Liebe zum Vater erweist sich nach Ende der Nazi-Diktatur als durch und durch kontaminiert. Sie wird zu einem unbewussten, pathologischen Band zwischen den Generationen, das geknüpft ist durch die transgenerationale Weitergabe von Schuld und Scham. Dies zeigt sich besonders deutlich in der Geschichte der Vater-Sohn-Beziehung von Veit und Thomas Harlan. *»Ich finde es schon sehr wichtig, wen man im falschen Moment oder im richtigen Moment sehr geliebt hat [...] es gibt kaum eine größere Verdunkelungsgefahr für die Wirklichkeit als die Zuneigung zu den Urhebern von Wirklichkeit«*, sagt Thomas Harlan im Interview-Film *Wandersplitter*.

Die Geschichte der Vater-Sohn-Beziehung von Veit und Thomas Harlan

Das Schicksal von Veit Harlan war in vielerlei Hinsicht typisch für den »normalen« deutschen Mitläufer, der vielleicht keinen einzigen Juden ermordet hatte, aber von der Judenverfolgung und den Verbrechen der Nazis gerne profitiert hatte. Es ist durch die mediale Präsenz der Familie Harlan nur auffälliger und öffentlicher. Nach dem Krieg leugnete Veit Harlan, wie die meisten Täter, willigen Helfer, Profiteure und Mitläufer, jede Schuld. Er wurde – wie die Nazi-Richter, Euthanasieärzte, Rüstungsindustriellen – nie zur Verantwortung gezogen. Sein Sohn Thomas Harlan, im Jahre 1929 geboren, war wie die meisten Kinder im »Dritten Reich« ein begeisterter Hitler-Junge, der seinen Vater sowie dessen Freund Göbbels und Hitler bewunderte.

Anhand der Geschichte von Thomas Harlan wollen wir den Wendungen und Verwerfungen der Vater- und Vaterlands-Liebe der Kriegskinder nachgehen. Die Gefühlsgeschichte der Sohnesliebe zum Täter-Vater zeigt unseres Erachtens beispielhaft und anschaulich, wie das äußere Heimatgefühl und das innere Selbstgefühl der Täter-Kinder nachhaltig gestört worden ist und wie die »zweite Generation« mit dem »Schatten«[1] ihres Erbes umgegangen ist. Die Kinder der Täter- und Mitläufergeneration werden zerrissen zwischen Liebe und Verrat. Sie wollen lieben und geliebt werden, aber sie suchen auch Befreiung von der kontaminierten Liebe ihrer Eltern. In dieser Zerrissenheit spiegelt sich die Auseinandersetzung der Kriegskinder mit dem Nazi-Erbe ihrer Kriegseltern.

Anders als viele Kinder von Kriegseltern, die nicht wissen wollten, was ihre Eltern im »Dritten Reich« gemacht haben, setzt sich Thomas Harlan in seinen Filmen, Büchern und Interviews offensiv mit seinem Erbe auseinander. Er zeigt seine intensive Vaterbeziehung öffentlich – voller Scham, Schuld und Ekel. Es ist eine Gefühlsgeschichte zwischen Verehrung und Verachtung, Sehnsucht und Sich-los-Reißen, Bestrafung und Selbstbestrafung. Die Bewegungen zwischen Vater-Sehnsucht und Vater-Mord bilden einen Prozess, in dem sich beide Entwicklungsrichtungen in immer neuen Wendungen zu vermitteln suchen.

Der Verlust der Heimat – das innere Ideal-Objekt zersplittert

Thomas Harlan wird am 19. Februar 1929 als erster Sohn von Veit Harlan (29) und Hilde Körber (22) geboren. Beide Eltern sind zu diesem Zeitpunkt bereits bekannte Schauspieler und für beide ist es ihre zweite Ehe. Veit Harlan kommt aus einer kunstsinnigen, großbürgerlichen Familie, durchaus philosemitisch mit vielen jüdischen Freunden. Er war in erster Ehe mit der jüdischen Schauspielerin Dora Gerson verheiratet, die später mit ihrer Familie in Auschwitz ermordet

---

1 »Das psychogenetische Erbe stellt uns vor eine besondere Schwierigkeit, weil es weder rein innerlich noch rein äußerlich ist; es ist anwesend, aber unsichtbar, Teil unserer selbst und entzieht sich doch unserem Zugriff oder unserer Kontrolle. Kurzum, es ist wie ein Schatten« (Durban 2009/726).

wird. Bei der Hochzeit mit Hilde Körber ist der jüdische Star-Regisseur Fritz Kortner Trauzeuge, der später von der Nazi-Presse angefeindet wird, weil ihm ein Verhältnis mit Hilde Körber nachgesagt wird. Veit Harlan, der als extrem eifersüchtig beschrieben wird, bekennt sich 1933, direkt nach der Machtergreifung Hitlers, zum Nationalsozialismus und biedert sich den neuen Machthabern als Regisseur pathetischer Blut- und Boden-Filme an. In der Ehe zwischen Veit Harlan und Hilde Körber treffen offenbar völlig unvereinbare Welten aufeinander. Maria Körber, jüngere Schwester von Thomas Harlan, die später auch Schauspielerin wurde, beschreibt ihre Eltern als völlig verschieden. Sie hätten sich ständig gestritten und nicht zueinander gepasst: Hilde Körber sei »sehr zart besaitet« gewesen, altruistisch und von großer Frömmigkeit, Veit Harlan dagegen »laut« und »streitbar«, »fast krankhaft ehrgeizig und oft rücksichtslos« gewesen. Die Mutter habe »diesem Energiebündel Veit irgendwie hilflos gegenüber« gestanden (Buchloh 2010, 14). Als sich Veit Harlan von Hilde Körber trennt, um sich der 13 Jahre jüngeren schwedischen Schauspielerin Kristina Söderbaum zuzuwenden, ist Thomas Harlan neun Jahre alt. Es ist 1938, das Jahr des Münchner Abkommens, in dem die Tschechoslowakei zerschlagen wird und das Sudetenland »heim ins Reich« geholt wird. Thomas Harlan steht demonstrativ auf der Seite des starken Vaters: *»Mein Vater liebte Deutschland, ich liebte Deutschland. Meine Mutter liebte die Tschechoslowakei. Ich liebte die Tschechoslowakei nicht. Ich war froh, als der Spuk zu Ende, die Tschechen still und die Sudeten wieder in Deutschland waren«* (Stephan 2007, 189). Thomas ist fasziniert von den starken Männern, er sonnt sich in der besonderen Rolle, die ihm der »liebe Onkel« Goebbels zukommen lässt, wenn dieser extra für ihn mitten in der Nacht das arisierte Kaufhaus Wertheim öffnet, die Verkäufer vor ihm »stramm stehen« und er sich eine Modelleisenbahn aussuchen kann. Er ist stolzer Hitlerjugendführer und fühlt sich *»angefüllt mit einem Siegesgefühl, wie jemand, der im Wettkampf in allen Disziplinen immer Erster geworden ist und sich schon daran gewöhnt hat«* (ebd., 191).

Das ändert sich zunehmend in den langen Kriegsjahren. Thomas Harlan wird 1942 mit seinen jüngeren Geschwistern Maria und Susanne aufs Land geschickt nach Ziegnitz (heute in Polen) auf den Landsitz einer befreundeten Familie. Als Thomas zu Schanzarbeiten verpflichtet wird, flieht er zur Mutter nach Berlin, das vor den herannahenden Russen zittert. Gemeinsam mit seiner Mutter erlebt er den Einmarsch der Russen eher als Befreiung. Als er den Vater bald darauf in Hamburg besucht, ist es ihm »peinlich«, wie sein Vater sich immer noch verehren lässt: *»Besucher in Scharen, Anbeter, Höflinge, greise Soldaten, abgemagerte Herrenmenschen«* (Stephan 2007, 37). Er erlebt seinen Vater inmitten seiner alten Nazi-Freunde als schamlos und wendet sich angewidert vom Vater ab. *»Ich bin der Sohn meiner Eltern.*

Das ist eine Katastrophe. Das hat mich bestimmt. Bis 1945 war das ein Glücksfall. Das nenn ich Fallen stellen. Man kann keinen Bogen um sein Unglück machen. Der Glücksfall bestimmt doch bereits das ganze Leben, als er ein Unglücksfall wird, und man kann nicht dagegen an, ist wehrlos, und das ist kein Privatkram, denn alles, was ich von nun an tue, mit 16, wird allein durch diese Katastrophe bestimmt« (ebd., 20).

Der Vater wird 1947 im Rahmen der Entnazifizierung zunächst als »unbelastet« eingestuft, 1949 dann als einziger Künstler des NS-Zeit wegen »Verbrechens gegen die Menschlichkeit« angeklagt. Ein Richter namens Dr. Tyrolf, der im Krieg über 20 Todesurteile wegen Bagatelltaten verhängt hatte, spricht Veit Harlan zweimal frei. Thomas Harlan ist einerseits glücklich über den Freispruch, andererseits tief beschämt: *»Mein Vater schämte sich nie«*, resümiert er, *»die Scham war den Kindern vorbehalten«* (Harlan 2011, 21).

Der Verlust der idealisierten Vaterfigur hat für Thomas Harlan traumatischen Charakter: Die Zertrümmerung des inneren Ideal-Objektes führt zu fragmentierten Introjekten, die nach Tilman Moser (1996) wie »dämonische Figuren« im Unbewussten wirken. Das Erbe des Vaters wird zum »verfolgenden Schatten«[2] im Leben von Thomas Harlan. Er findet dafür ein dramatisches Bild: Den »Wandersplitter«. *»Wandersplitter geraten durch Verletzung in den Körper, sie können sehr schmerzhaft sein und auf Dauer beunruhigend. Es gibt kaum einen Wandersplitter, von dem man sagen kann, man sei beruhigt, dass er irgendwo ist. Er ist in ihrem Körper und wandert grundsätzlich auf das Herz zu, damit er sie umbringt eines Tages«* (aus *Wandersplitter*). Es scheint, als habe sich das zersplitterte, idealisierte Vater-Objekt zu unerträglichen und nicht integrierbaren Teilen seines Selbsterlebens verwandelt.

Geliehene Heimat – aber der Name des Vaters ist wie »eintätowiert«

Thomas Harlan beschließt im Jahr der Prozesse gegen seinen Vater, nach Frankreich zu ziehen und an der Sorbonne zu studieren. Er möchte am liebsten Franzose werden, fühlt sich in Paris von seiner Vergangenheit befreit: *»Ich erinnere mich auf Französisch nicht einmal mehr an meine Mutter, geschweige denn an meinen Vater, an nichts eigentlich, so beruhigend war die Sache. Ich war jetzt Waise, Waisenknabe, genoss das und genoss es so*

---

2 Durban postuliert den Unterschied *mit* einem Schatten, *unter* einem Schatten oder *als* Schatten zu leben. »Unter *einem Schatten zu leben, bedeutet, sich wie von einer düsteren Wolke erdrückt, besessen, gejagt und verfolgt zu fühlen«* (Durban 2009/723).

sehr und ausdauernd, als hätte ich meine Verfolger für immer abgehängt« (Stephan 2007, 16f). In dem Versuch gegen den Schatten des väterlichen Erbes eine eigene, getrennte Identität zu bilden sucht er ein neues Idol auf: Klaus Kinski, den er für seine rebellische Radikalität bewundert. *»Im Kopf hatte ich Kinski, das Sturmtier, den glühenden Schauspieler und Bannerträger der Revolte, und den Kommunismus des jüdischen Widerstandes«* (ebd., 65). Klaus Kinski ist für Thomas ein *»reißendes Lamm unter Wölfen«* (Harlan 2011, 112). Beide fantasieren sich als jüdische Widerständler, wollen so das alte, untauglich gewordene Idealobjekt des »Herrenmenschen« überwinden, das aber trotzdem noch aus allen Poren hindurchschimmert. 1952 reisen Thomas Harlan und Klaus Kinski mit gefälschten Pässen in Israel ein, um heimlich einen Film über das alltägliche Leben der Juden zu drehen. Aber die Reise wird zum Desaster, als die Presse von den beiden Deutschen erfährt. Sie werden aus dem Land gejagt. Die heimliche Eroberung einer neuen Heimat misslingt, der Versuch des Identitätswechsels scheitert. Für Thomas ist es so, als sei der Name seines Vaters unlöschbar in seine Haut »eintätowiert« (aus *Wandersplitter*). Er kann seiner Geschichte nicht entrinnen.

Rekultivierung der Heimat – alte und neue Gräben verhindern den Brückenschlag

Es gibt in der Folge mehrere Ansätze einer Wiederannäherung zwischen Vater und Sohn. Thomas möchte sich mit seinem Vater versöhnen, er baut ihm Brücken, um wieder Zugang zur jüdischen Welt zu finden, an der er so schuldig geworden ist. Der Vater soll sich rehabilitieren, soll die Seite wechseln und seine Schuld wiedergutmachen. 1954 verbrennt Veit Harlan im Beisein seines Sohnes das angeblich letzte Negativ von *Jud Süß*. Ein Jahr später schreibt Thomas Harlan das Drehbuch für *Der Fall Dr. Sorge*, bei dem Veit Harlan Regie führt, einem Propagandafilm »gegen den Hitlerfaschismus«. Der Film wird noch am Tage der Uraufführung wegen angeblicher »kommunistischer Propaganda« verboten, denn in Deutschland herrscht kalter Krieg. Rückblickend meint Thomas Harlan, der Film sei ein »kindischer Versuch« gewesen, *»etwas mit meinem Vater zu tun, für meinen Vater, und womöglich dabei ein eigenes Schaf ins Trockene zu bringen«* (Stephan 2007, 62).

    1958 wird in Berlin das Theaterstück *Ich selbst und kein Engel* uraufgeführt, in dem Thomas Harlan den jüdischen Aufstand im Warschauer Ghetto beschreibt. Als der polnische Regisseur einen Nervenzusammenbruch erleidet, weil er in West-Berlin und in Polen angefeindet wird, übernimmt fast unbemerkt und mit sichtlicher Genugtuung Veit Harlan die Regie. Seinem

Sohn ist dies peinlich, es fällt ihm schwer, sich einzugestehen, dass er auch »dankbar« war. »*Wer mir das vorwarf, dem log ich ins Gesicht, das Offenbare leugnend, den Schandfleck von der Hand weisend*« (Stephan 2007, 73). Er sei »*Lieferant eines Waschmittels für die Weste meines Vaters*« gewesen. Er wirft sich vor, heimlich einen »Komplott« geschmiedet zu haben, »*mit dem Ziel, die Ermordeten mit ihrer Ermordung zu versöhnen, die Speerspitze abzubrechen, den Kampf einzustellen*«, ein »*Schandfleck*« (74). Als Thomas Harlan von der Presse als der »gute Harlan« gelobt wird, verlangt der Vater in einem vierseitigen, extrem insistierenden Brief, dass Thomas ihn öffentlich verteidigt. Er sei nicht »*der Minderwertige*«, der »*der Hochwertigkeit seines Sohnes nicht das Wasser reichen*« könne. »*Wenn Du nicht mein Sohn wärest, dann würdest Du es viel schwerer gehabt haben. […] Für Dich kann es nicht schädlich sein, Deinen Vater vor Verleumdungen zu schützen. Aber es kann sehr schädlich für Dich sein, es nicht zu tun*« (ebd., 209ff).

Der Wunsch, aus dem Saulus-Vater einen Paulus-Vater zu machen, entsprach nicht den Realitäten, weder der politischen Realität des kalten Krieges, noch den realen Bedürfnissen des Vaters, dem die Freisprechung von Schuld wichtiger war als das Bedürfnis des Sohnes nach Wiedergutmachung und Brückenschlag. In dieser Situation kommt es zu einem Eklat, der die Fronten noch klarer zutage treten lässt. Als Thomas Harlan im Anschluss an die 50. Aufführung seines Theaterstückes öffentlich konkrete Namen mehrere Nazi-Verbrecher nennt, die in der BRD unbehelligt wieder in Politik und Wirtschaft Karriere machen konnten, ist der Aufruhr groß. Er wird von den alten Nazi-Freunden des Vaters aus Politik und Wirtschaft (u.a. Hans Globke, Ernst Achenbach, Franz Alfred Six) heftig angefeindet und wegen Verleumdung, Ehrverletzung und Landesverrat angezeigt.

Heimat in der Wahrheit – die Aufdeckung führt zur Überschwemmung mit Ekel

1959 geht Thomas Harlan nach Polen, um in den Archiven der Konzentrationslager nach Beweisen gegen die Täter zu recherchieren. Thomas Harlan sucht jetzt eine neue Sicherheit in der Wahrheit. Er stellt Listen zusammen, unendlich scheinende Listen von Tätern und Taten, eine Enzyklopädie des Grauens. Die vollständige Wahrheit soll helfen, die innere Heimatlosigkeit zu überwinden. Die Aufklärungsarbeit in Polen erscheint wie eine Art Traumaverarbeitung ohne Therapie. Bis 1964 fördert er für die Zentrale Stelle der Landesjustizverwaltungen zur Ermittlung der NS-Verbrechen unzähliges Beweismaterial zutage. Es werden gemeinsam mit dem engagierten Staatsanwalt Fritz Bauer, der 1968 unter mysteriösen Umständen stirbt, über 2000 Strafverfahren eingeleitet. Die Verfolgung der NS-Täter erweist sich aber als sehr aufwendig und belastend. Bei dem Versuch, eindeutige Zuordnungen zu treffen, gerät Thomas Harlan immer mehr in Verzweiflung. Die Zahl der Täter war so groß, dass der »*Unterschied zwischen Schuldigen und Unschuldigen aufgehoben zu sein schien*« (Stephan 2007, 132). Man hätte bei fast allen etwas finden können, »*mit dem es sich nicht leben ließ*« (ebd.). Schließlich stellt Thomas Harlan seine Arbeiten plötzlich und unvermittelt ein. Sumpf und Ekel hätten ihn fast völlig überschwemmt, sagt er in *Wandersplitter*. Der Ausstieg erscheint wie eine letzte Rettung vor dem Verrücktwerden, er ist Entlastung und Kapitulation zugleich. Das Ende seiner Recherchen fällt in das Todesjahr des Vaters, der 1964 in seinem Haus auf Capri stirbt.

Verbrannte Erde –
das Gesicht des Feindes erscheint im eigenen Spiegelbild

Als sein Vater stirbt, eilt Thomas für einige Wochen an das Sterbebett des Vaters: »das war unerhört, dass der Mann, den ich bis aufs Mark gekränkt hatte, nicht sterben wollte, ohne mich gesehen zu haben, dass er es ausgehalten hat, den treulosen Sohn an die Brust zu nehmen« (Stephan 2007, 140). Es folgen einige Jahre, in denen sich Thomas ins Private zurückzieht. Er bleibt in Italien und heiratet die italienische Dichterin Luisa Orioli di Lajano, die Mitglied einer radikalen linken Splittergruppe ist. Auch Thomas wendet sich langsam der radikalen Linken zu. Er denkt an die Notwendigkeit des bewaffneten Kampfes, um endgültig das Alte zu überwinden. Von Italien ausgehend wird Thomas Harlan zum weltweit operierenden Revolutionär, er kämpft in Chile gegen Pinochet und feiert 1977 mit seinem Film Torre Bela die Nelkenrevolution in Portugal.

Sein bekanntester Film *Wundkanal* – für manche Kritiker einer der besten und grausamsten Filme aller Zeiten – löst bei seiner Uraufführung 1984 in Venedig einen großen Skandal aus. Mit *Wundkanal*, dessen Planungen 1978 beginnen, spitzt sich die Verfolgung der Täter noch einmal zu und erfährt zugleich eine entscheidende Wende. Es ist die Zeit des Terrors der »Roten Armee Fraktion«, wo die Kinder der Täter wieder Täter werden, indem sie die Täter-Väter vorführen und zum Tode verurteilen. Und wo dies nicht gelingt, bringen sie sich selber um und zwar so, wie im Stammheimer Gefängnis, dass es wie Mord aussieht. Diese Täter-Opfer- und Wahrheit-Lüge-Doppelverdrehung – man fälscht die Wahrheit derart, dass in der Lüge die Wahrheit ans Licht kommen soll – ist die Ausgangsidee des Filmes. Für

Wundkanal gewinnt Thomas Harlan den verurteilten Kriegsverbrecher Albert Filbert, ein Bewunderer der Veit-Harlan-Filme, der sich selbst spielen soll, von Thomas Harlan mit seinen Verbrechen konfrontiert wird und sich verteidigt. Thomas Harlan lässt sich dabei in dem Making-of-Film *Notre Nazi* durch den kanadischen Dokumentarfilmer Robert Kramer schonungslos beobachten.

In *Wundkanal* sieht der Zuschauer eine lange Szene in einer Art Verhörraum: Der Nazi-Täter Albert Filbert, der nach dem Vorbild der Schleyer-Entführung von einer Volksbrigade entführt wurde, sitzt an einem Tisch und aus dem OFF hören wir die Stimme von Thomas Harlan, die den Täter insistierend mit seinen Verbrechen als ehemaliger SS-Obersturmbannführer in Litauen konfrontiert. Während die Verhörstimme die Verbrechen auflistet und Filbert dazu befragt, wehrt dieser alle Anschuldigungen als falsch ab. Er wirkt dabei bedrängt, leidend und uneinsichtig zugleich. Der Film *Notre Nazi* blickt nun hinter die Kulissen: Wir sehen zum Beispiel, dass Albert Filbert aus dem Filmprojekt aussteigen will, aber von Thomas Harlan daran gehindert wird, den Raum zu verlassen. Einige Mitarbeiter des Teams umringen den NS-Täter und reißen ihm ein Toupet vom Kopf. Die Stimmung wird zunehmend aggressiver, Thomas Harlan versucht, Albert Filbert zu zwingen, Stellung zu nehmen. Filbert leugnet trotzig und reagiert beleidigt, zeigt sich als Opfer. Es kommt zu körperlichen Handgreiflichkeiten, die Situation erscheint auf eine kaum erträgliche Weise verdreht und angespannt.

In *Wundkanal* treibt Thomas Harlan seinen Racheimpuls und die Entäußerung des Hasses auf die Spitze, aber er ist so radikal in seiner Selbstreflexion, dass er sich dabei filmen lässt. Es ist der Versuch, das böse Introjekt zu externalisieren und es anhand des Massenmörders Albert Filbert zu richten, in der Hoffnung, sich dadurch von ihm zu befreien. Erschreckt stellt Harlan fest: »*Der Film Wundkanal ist ein Gewaltakt [...]. Unser Nazi hält das fest. Er verrät mich. Er wird gemacht, um mich zu verraten. Der Film zeigt [...] vor allem, wie neue Schuld entsteht in einem Film über die alte. Wer diesen Versuch unternimmt, den ich unternommen habe, der verliert sein Gesicht [...]. Ich habe das Gesicht des Feindes angenommen*« (Stephan 2007, 178).

Wundkanal und *Notre Nazi* sind ein Doppelwerk: Sie dokumentieren einen letzten Versuch, sich vom Vater zu befreien und sich zugleich für ihn zu opfern, um ihm nah zu sein. Danach unternimmt Thomas Harlan keinen Versuch mehr, sich vom Vater zu trennen. Gegen Ende seines Lebens kehrt er nach Deutschland zurück, lebt und arbeitet, von 2001 an, noch gut 10 Jahre in einem Lungensanatorium unterhalb des Obersalzberges. Hier verfasst er den Roman *Heldenfriedhof*, hier entsteht der Gesprächsfilm *Wandersplitter* und schließlich kurz vor seinem Tod das Abschiedsbuch *Veit*.

Heimkehr zu Veit – die erneute illusionäre Verschmelzung mit dem idolisierten Vater

Dass Thomas Harlan seine letzten Jahre im Schatten des Obersalzbergs verbringt, erscheint auch wie eine Rückkehr zu den Anfängen, in der Hoffnung, so in Frieden sterben zu können. Sein letztes Werk, ein wortgewaltiger Essay über *Veit*, konnte er wegen schwerer Krankheit nur noch diktieren. Es ist ein letzter Versuch, mit dem Vater ins Reine zu kommen. Veit, der »große Tröster« der Deutschen, ist für Thomas Harlan das Sinnbild für seine ganz persönliche Heimat. In *Veit* (Harlan 2011) gipfelt seine endlose Suche nach der verlorenen Heimat in einer fast religiös anmutenden Hingabe an den Vater:

»geliebter, weißhaariger, schneebedeckter, kopfloser, verfemter, mit seinen opfern sich verwechselnder, seiner eigenen geschichte entratener, wunderbarer, unverzeihlich von seinem sohn missachteter, unverzeihlich von seinem sohn verratener, süßester, zärtlich angebeteter, überschuldeter, der ich deine schuld nicht habe abtragen können, der ich dich in der not des verbrechens der unschuld verdächtigte, der ich jenen verurteilte, der du nicht warst, der du bist, der ich deinen segen suchte, deine verzeihung, deine nachsicht, deine antwort auf meine anklagen, der ich dich anklagte, der ich dich als hersteller von mordwerkzeugen angeklagt habe, der ich mich der unnachsichtigkeit anklage, dass du bist der du bist, schönster von schuldbergen überforderter, von schuldgebirgen unbezwingbarer, im abgrund winselnder, zu bekenntnissen unfähiger, liebster vergreister, verschütteter, der wahrheit entfremdeter, lügner, hakenschlagender flüchtiger, du herrlicher, du unwissender, du gewissenloser, du wissender, weiß gott du leugnender, dich verleugnender, unabschätzbarer unter den tätern, tatenloser gewaltmensch, tadelloser gewalttäter, in das nichts zurückgleitender, verfahrener, allerliebster, du mein vater, du nicht enden wollende aufzählung, du ungezählter, du vielfältiger, du sterbender, du einziger, geliebter, unglücklicher vater, du unglücklicher« (Harlan 2011, 10–12)

In einer Art Flehgebet beschwört Thomas kurz vor seinem Tod noch einmal die Liebe zum Vater und die Liebe des Vaters zum Sohn. In dem Gedicht scheint die Trennung vom Vater aufgehoben zu sein. Es sieht wie eine religiöse Selbstopferung für den Vater aus. Der Sohn, der den Vater verraten hat, bittet um Verzeihung und kehrt in die Arme des Vaters zurück. In einer Art Trance wird die Sehnsucht nach Verschmelzung mit dem Vater inszeniert und als erfüllt halluziniert. Das Vaterobjekt gewinnt hier Qualitäten der präödipalen, omnipotenten Mutter. Man kann vermuten, dass die Sehnsucht nach Versöhnung mit dem Vater verbunden ist mit dem Wunsch nach Fusion mit dem mütterlichen Objekt, so wie im Unbewussten der Tod als eine Rückkehr in den Mutterleib und Neugeburt fantasiert wird. Zugleich ist es auch eine Wiederkehr der Idolisierung eines Führer-Vaters, der wie ein Religionsstifter verehrt wird.

Omnipotente Heimat	Schuldig-Werden / Beschämung	Traumatischer Verlust Vergiftete Heimat
	Wechsel von Täter- zu Opferidentität	
Geliehene Heimat	Ausweisung und Zurückweisung	Täterschaft ist in die Haut eintätowiert
	Stellvertretende Wiedergutmachung	
Versuch der Rekultivierung	Stellvertretende Beschämung	Die Kluft zwischen Gut und Böse ist unüberbrückbar
	Aufklärung und Bestrafung der Täter	
Befreiung durch die volle Wahrheit	Die Wahrheit ist unfassbar	Überschwemmung mit Ekel
	Wut und Rache	
Verbrannte Erde	Identifikation mit den Tätern	Erschrecken über das eigene Spiegelbild
Heimkehr	Illusionäre Versöhnung mit dem Täter	

Abb. 1: Die Abfolge der Versuche von Thomas Harlan, seine früheren Heimatgefühle wiederherzustellen und den verlorenen idealen Vater zurückzugewinnen

Fazit

Die Abhängigkeit vom verlorenen Objekt

Thomas Harlan lässt uns teilhaben an einem lebenslangen Versuch, den durch ungeheuerliche Scham und Schuld entstandenen Bruch in der Kontinuität der Vaterbeziehung zu kitten. In seinem letzten Werk dokumentiert er, wie er den Übergangsraum zwischen Leben und Tod durch eine illusionäre Re-Idealisierung des Vaters überbrücken will. Er sucht eine seelische Verfassung, in der er die erwünschte Liebe zum Objekt und die gewünschte Liebe vom Objekt doch noch als erfüllt erleben kann. Es gelingt ihm nicht, sich vom Vater zu trennen, seine Liebe vom Vater abzuziehen und sich von seiner Besetzung zu befreien. Der Vater hätte es immer als Hochverrat angesehen, wenn der Sohn ihn endgültig verlassen hätte. Die Angst vor dem Verrat und vor dem Schmerz des Verzichts lässt Thomas Harlan vor der inneren Trennung zurückschrecken. Stattdessen kommt es zu einer Illusionären Wiederherstellung der zerbrochenen Fusion mit dem Ideal-Vater und der illusionären Aufhebung der Vaterlosigkeit.

Was wir in der religiös anmutenden Liebeserklärung an den Vater als illusionären Wunsch wahrnehmen, sich der bruchlosen Übereinstimmung mit dem Vater zu vergewissern, geschah auf einer kollektiven Ebene des deutschen Volkes in der narzisstischen Besetzung eines Führers, der sich dem deutschen Volk als neuer Religionsstifter und Heilsbringer präsentierte. Die Dreieinheit »Führer, Volk und Vaterland« war die Ersetzung und gleichzeitige Fortsetzung der Trias von »Vater, Sohn und Heiliger Geist». Der Führer als geliebtes Objekt stellt eine Fusion dar aus einem Gott-Vater und einem omnipotenten Mutter-Objekt. Darauf hatte auch schon Mitscherlich hingewiesen: »*Der versprechende und terroristisch bedrohende Massenführer [...] ist viel eher – so überraschend das scheinen mag – in der Imago einer primitiven Muttergottheit unterzubringen*« (Mitscherlich 1963, 348).

Ähnlich wie Freud es in »Trauer und Melancholie« für den Verlust eines geliebten Objektes beschreibt, scheint die »Heimatliebe« im Nachkriegsdeutschland von dem Bruch in der Beziehung zu den frühen Objekten bestimmt. »*Trauer ist regelmäßig die Reaktion auf den Verlust einer geliebten Person oder einer an ihre Stelle gerückten Abstraktion wie Vaterland, Freiheit, ein Ideal usw.*« (Freud 1916, 428f.). Der Kriegskinder-Generation fehlt vielfach die Erfahrung einer Kontinuität guter innerer Objekte, dadurch bleibt die Ich-Integrität instabil. Die Bewahrung der Heimatgefühle im Herzen, die Ehrfurcht vor der Macht der Natur und die ersehnte Versöhnung mit den Eltern dient der Stabilisierung und Wiederherstellung eines sicheren Selbstgefühls.

»Ungeheuerliche Liebe« und »unerträglicher Verrat«

Es ist die paradoxe Verbindung von Liebe und Verrat, die es der zweiten Generation oft so schwer macht, eine Trennung und differenzierte Abgrenzung von den frühen Objekten zu erreichen. Das Aushalten der Spannung zwischen der Liebe zu den Objekten und der Notwendigkeit des Verrates, um sich aus den pathologischen Bindungen und Delegationen zu lösen, bildet die zentrale seelische Aufgabe bei den Kindern verstrickter Kriegseltern. Für Freud ermöglicht die Trauerarbeit, einen Verlust zu überwinden und *»nach der Vollendung der Trauerarbeit [...] wieder frei und ungehemmt«* (Freud 1916, 430) zu sein. In der Melancholie wird die bewusste Wahrnehmung des Getrenntseins vermieden: Das Ich nimmt stattdessen das Objekt in sich auf und stellt sich in den Schatten des Objektes (ebd., 435). Die heftige Ambivalenz gegenüber dem geliebten Objekt verhindert es, dass das Ich den Wunsch aufgeben kann, das Objekt zu lieben und vom Objekt geliebt zu werden. *»Hat sich die Liebe zum Objekt, die nicht aufgegeben werden kann, während das Objekt selbst aufgegeben wird, in die narzisstische Identifizierung geflüchtet, so betätigt sich an diesem Ersatzobjekt der Hass«* (ebd., 438).

Thomas Harlan hat diese melancholische Wendung in seinen Werken Schritt für Schritt in ausdrucksstarke Bilder gerückt. In »Veit« wendet er seinen Hass in unendlichen Selbstvorwürfen gegen sich selbst, zugleich stellt er die Präsenz des omnipotenten Liebesobjektes wieder her. Die idealisierte Liebe wird zu einer »seelischen Plombe«, mit der das Schicksal der Vaterlosigkeit repariert werden soll. Die Trauerarbeit, die eine Loslösung vom Vater hätte bewirken können, bleibt aus und der Schatten des Vaters bestimmt Thomas Harlan ein Leben lang. Die Umwandlung der *»Geister in Ahnen«* (Durban 2009, 727) misslingt.[3]

Die Unmöglichkeit zur Trauer bestimmt das Schicksal der Kriegskinder. Man kann unter ihnen verschiedene Gruppen erkennen. Die Kinder, die offen identifiziert sind mit ihren Täter-Vätern, übernehmen deren Abwehrformation und suchen nach Wiederherstellung der ungebrochenen Tradition. Hier herrschen zum Teil unverhohlene Ressentiments und Deutschtümelei. Andere Kriegskinder flüchten in die Rebellion, bleiben dann aber gefangen in ihrem Hass auf die Väter, einer verdeckten Identifikation, die in gleichem Maße Trauer und Schmerz zu vermeiden hilft. Die Kriegskinder, die den Versuch unternehmen, sich trauernd von den frühen Objekten zu lösen, stoßen auf eine nur schwer auszuhaltende Spannung zwischen ihrer Liebessehnsucht und ihrer tiefen Scham für ihre Eltern: Sie möchten lieben, müssen aber auch ihre Eltern verraten, um sich von Scham und Schuld zu befreien. Die Scham verhindert oft genug die Trauer und Loslösung von den Tätervätern. Nur wenn es gelingt, die Scham über die inneren Identifizierungen mit den Täter-Eltern zu tolerieren, die Schuldgefühle zu akzeptieren, die mit dem für die eigene

---

3 *» Wenn (aber) das Erbe mit extremer Grausamkeit, mit Gewalt und Tod assoziiert ist, wird es extrem schwierig, die Geister der Vergangenheit in die Vorfahren von heute zu verwandeln, denn das Gewebe der psycho-historischen Matrix ist in sich zerrissen und zerstört«* (Durban 2009, 727f)

Entwicklung notwendigen Verrat verbunden sind, und die Trauer um den unwiederbringlichen Verlust der sehnlich erwünschten Liebe zuzulassen, kann das Objekt losgelassen und die Besetzungen von dem Objekt abgezogen werden.

Das Scheitern der Triangulierung

Paradoxerweise macht es gerade die Vaterlosigkeit dem Sohn sehr schwer, sich vom Vater zu trennen. Thomas Harlan zeigt in den Wendungen seiner Vaterbeziehung auf zugespitzte Weise, wie notwendig es ist, den Vater zu verraten, und wie unvorstellbar dieser Verrat sein kann. Dafür verantwortlich scheint eine gescheiterte Triangulierung. Thomas Harlan berichtet wenig von seiner Mutter Hilde Körber. Es wirkt so, als ob der Vater gegenüber der Mutter-Kind-Dyade nicht die triangulierende Funktion übernommen hat, sondern an die Stelle einer omnipotenten Mutterimago getreten ist. Umgekehrt entsteht der Eindruck, dass die Mutter sich auf keinen Fall zwischen ihren Sohn und dem idealisierten Führer-Vater (Veit-Göbbels-Hitler) stellen wollte. Dies wirkt wie eine unbewusste Erfüllung der Nazi-Ideologie, die den Müttern abverlangte, ihre Söhne dem Führer zu opfern.

Hilde Körber hat ihren Ex-Mann Veit Harlan immer verteidigt und auch vor Gericht seine Unschuld beteuert. Diese Konstellation erschwert den Kindern die Loslösung vom Vater-Ideal-Objekt. Wo die Unterstützung durch die Objekte fehlt, können sie kein »kohärentes, persönliches Narrativ erzeugen« (Durban 2009, 723). Damit sind sie in einer Art »Dienst an der Heimat« der transgenerationalen Delegation von Scham und Schuld relativ hilflos ausgeliefert. Sie nehmen stellvertretend das seelische Trauma der Eltern auf und arbeiten es durch.

Beide Schwestern von Thomas Harlan heiraten nach dem Krieg jüdische Männer. Maria Körber erlebt ihren »Versuch der Wiedergutmachung« schnell als gescheitert und lässt sich wieder scheiden. Die jüngere Schwester Susanne heiratet den jüdischen Musiker Claude Jacoby, überwindet dessen frühen Tod aber nie, wird depressiv und begeht 1989 Selbstmord (aus *Harlan – Im Schatten von Jud Süß*). Statt sich von der Schuld und Scham distanzieren und eine eigene dritte Position zwischen Liebe und Verrat zu finden, bleiben die Kinder der Täter-Väter oft in der transgenerationalen Verstrickung gebunden. Der Film *Harlan – Im Schatten von Jud Süß* zeigt am Beispiel der dritten Generation, dass die transgenerationale Verarbeitung des Traumas auch zu einer allmählichen Abmilderung und Integration führen kann. Die beiden Kinder von Thomas Harlan wuchsen bei ihren Müttern in Frankreich und Italien auf. Gerade ihre Internationalität erleichtert es ihnen offensichtlich, ein freieres Verhältnis zur Vergangenheit und zu einer mehrfach gebrochenen »Heimat« aufzubauen. Gerade die Öffnung für das Andere, Fremde und Neue hilft den Deutschen, mit ihrer traumatischen Geschichte besser umzugehen. Für die alternde Generation der Kriegskinder zeigt die beschriebene Dynamik: Wenn die Ambivalenz von Täter- und Opferschaft anerkannt, die Sehnsucht nach einem Idealobjekt aufgegeben, Trauer und Verlassenheit ausgehalten werden kann, bietet sich die Chance zu einer »konstruktiven Resignation«, in der aus einem verfolgenden Schatten ein begleitender und eine neue innere Heimat gefunden werden kann.

Literatur

Buchloh I (2010) Veit Harlan – Goebbels' Starregisseur. Paderborn (Schöningh).

Bloch E (1979) Das Prinzip Hoffnung. Dritter Band, Frankfurt (Suhrkamp).

Durban J (2009) Schatten, Geister und Chimären – über frühe Modi des Umgangs mit dem psychogenetischen Erbe. Psyche 63(8): 717–747.

Freud S (1916) Trauer und Melancholie. G. W. X, 427–446. Frankfurt (Fischer).

Harlan T (2011) Veit (unter Mitarbeit von S Geisel und JP Stephan). Reinbeck (Rowohlt).

Mitscherlich A (1963) Auf dem Weg zur vaterlosen Gesellschaft. München (Piper).

Mitscherlich A u. M (1967): Die Unfähigkeit zu trauern. München (Piper).

Moser T (1996) Dämonische Figuren. Die Wiederkehr des Dritten Reiches in der Psychotherapie. Frankfurt (Suhrkamp).

Noack F (2000) Veit Harlan – »Des Teufels Regisseur«. München (belleville).

Parin P (1996) Heimat, eine Plombe. Hamburg (Europäische Verlagsanstalt).

Quinodoz D (2010) Älterwerden – Eine Entdeckungsreise. Gießen (Psychosozial-Verlag).

Stephan JP (2007) Das Gesicht deines Feindes. Thomas Harlan – ein deutsches Leben. Berlin (Eichborn).

Filme

Wundkanal, Deutschland/Frankreich 1984, Regie: Thomas Harlan, Edition Filmmuseum 49.

Notre Nazi, Frankreich/Deutschland 1984, Regie: Robert Kramer, Edition Filmmuseum 49.

Wandersplitter, Deutschland 2006, Regie: Christoph Hübner, Edition Filmmuseum 35.

Harlan – Im Schatten von Jud Süß, Deutschland 2009, Regie: Felix Möller, Blueprint Film.

Korrespondenzadresse:
Christoph Tangen-Petraitis
Schubertstr. 46
51375 Leverkusen
E-Mail: tangen-petraitis@t-online.de

Psychosozial-Verlag

Bernd Oberhoff

Richard Wagner. Der Ring des Nibelungen

Eine musikpsychoanalytische Studie

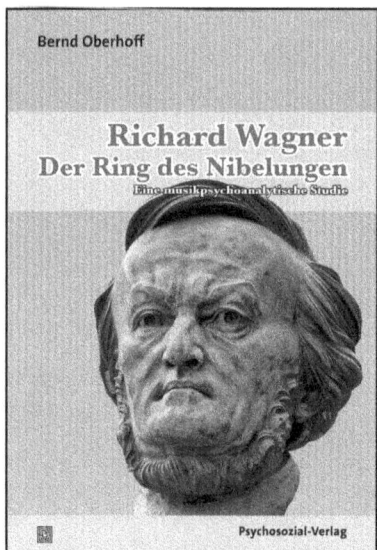

Bernd Oberhoff

Richard Wagner
Der Ring des Nibelungen
Eine musikpsychoanalytische Studie

Psychosozial-Verlag

2012 · 423 Seiten · Gebunden
ISBN 978-3-8379-2179-3

Richard Wagners vierteiliges Musikdrama *Der Ring des Nibelungen* führt den Zuschauer in eine archaische Zeit zurück, die vor aller bewusster Erfahrung liegt. Auf seiner Entdeckungsreise durch die Tetralogie entziffert Bernd Oberhoff das Handlungsgeschehen als ein entwicklungspsychologisches Drama, als »Heldenreise des frühen Ichs«. Er geht der bislang unerforschten psychologischen Bedeutung der Leitmotive auf den Grund und analysiert Wagners eigenwilliges Orchesterkonzept. Dabei wird offenbar, dass beide Phänomene mit Wagners innerer Konfliktlandschaft im Zusammenhang stehen und vom Komponisten in den Dienst selbsttherapeutischer Bemühungen gestellt werden. Schließlich folgt der Autor dem Ringdrama noch in jene Räume, in denen eine geheimnisvolle Unendlichkeitslogik das dramatische und musikalische Geschehen bestimmt.

Walltorstr. 10 · 35390 Gießen · Tel. 0641-969978-18 · Fax 0641-969978-19
bestellung@psychosozial-verlag.de · www.psychosozial-verlag.de

Heimatliche Gegenübertragung im psycho- therapeutischen Erstkontakt mit Älteren

Reinhard Lindner (Hamburg)

ı

Zusammenfassung

Der erste Kontakt mit dem psychosomatischen Alterspatienten in der Geriatrie entscheidet oftmals über Gelingen oder Misslingen eines psychotherapeutischen Zugangs zum Patienten. Die zugrunde liegende klinische Beobachtung ist dabei, dass die gemeinsame Nutzung des Dialekts die Entstehung eines psychothera- peutischen Kontakts sehr fördern kann. Vor diesem Hintergrund wurden alle Konsilberichte eines halben Jahres des psychosomatischen Konsil-/Liaisondiens- tes in einer geriatrischen Klinik (N= 69) auf die Erwähnung der heimatlichen Örtlichkeit des Patienten und auf die sich entwickelnde Übertragungsbeziehung in den ersten Gesprächen hin untersucht. Bei 11 Patienten wurde Hamburg als Heimat genannt (die Heimat des Therapeuten), bei 11 weiteren Patienten wurde als Heimat explizit ein anderer Ort angegeben. Mit der Methode der verstehenden Typenbildung wurden zwei Idealtypen der Übertragungsbeziehung entworfen, ein heimatlicher mit hoher Zugewandtheit und ein »Flüchtlings- Typus« mit ambivalenterem Übertragungsgeschehen. Vor diesem Hintergrund wird die Bedeutung des mütterlichen Dialekts für die Entwicklung einer positiven und Halt gebenden initialen Übertragungsdynamik diskutiert.

Stichworte: Dialekt, Übertragung, psychosomatischer Erstkontakt

Abstract: Native countertransference during the first contact of psychotherapy with the elderly

The first contact with a psychosomatic elderly patient often decides on the success or failure of the psychotherapeutic access to the patient. Based on the clinical observation that using the same dialect can further the development of the psychotherapeutic contact, all reports of half a year of a psychosomatic consultation-liaison-service in a medical-geriatric clinic (n= 69) were analysed. For 11 patients their hometown Hamburg was mentioned (the home town of the therapist), however for 11 other patients another home was explicitly mentioned. With the method of forming types by understanding two ideal types of the transference relationship were developed. One »Home«-type with a positive, facing transference, and one »refugee«-type with a more ambivalent transference. The results are discussed on the background of the mother tongue, esp. the dialect in early infants' development in relation to the actual development of a positive holding initial transference.

Key words: dialect, transference, psychosomatic first contact

Eine erste Begegnung

Die alte Dame wurde mir (RL) von den Schwestern als ärgerlich und ärgernd beschrieben. Man könne ihr nichts recht machen. Der erste Kontakt mit ihr in ihrem Krankenzimmer begann auch wenig erfreulich. Ich stellte mich vor, sie wirkte erschrocken, denn ich schlug vor, dass wir miteinander »unter vier Augen« sprechen könnten. Sie kam zwar mit mir in das Gesprächszimmer, nicht ohne zuvor noch auf Toilette gewesen zu sein und mich warten zu lassen, sagte mir aber, ich würde bestimmt was Unangenehmes zu erzählen haben. Entsprechend zäh und anstrengend starteten wir auch in das psychosomatisch-psychotherapeutische Gespräch. Erst als ich sie nach ca. 20 Minuten fragte, wo genau in Hamburg sie geboren sei und sie mir antwortete: »in Altona, in der Ottenser Hauptstraße« und ich um die quirrlige, dicht besiedelte Gegend wissend nickte, sie mir dann von der »schönen Kindheit« mit vielen Spielkameraden auf der Straße erzählte. Als wir beide in den Hamburger Dialekt fielen, erst da taute sie auf und ich auch.

Übertragung und Gegenübertragung als intersubjektives Geschehen in der ersten Begegnung von Patient und Therapeut

Übertragung und Gegenübertragung gehören zu den fundamentalen Grundannahmen psychoanalytischer Theorie. Die Übertragung ist nach Laplanche und Pontalis (1973) ein »*Vorgang, wodurch die unbewussten Wünsche an bestimmten Objekten im Rahmen eines bestimmten Beziehungstypus, der sich mit diesen Objekten ergeben hat, aktualisiert werden«* (ebd., 550). Die Übertragung des Patienten fällt immer auf einen ›persönlichen Boden‹ im Therapeuten, auf eine Reaktionsbereitschaft und auf eine Bebilderung, die ganz individuell ist und die die individuelle Beziehungsdynamik zwischen Patient und Therapeut bildet (Heimann 1950). Beide, Übertragung und Gegenübertragung sind einerseits hochindividuell und geprägt durch die Interaktion zweier Personen mit ihren je spezifischen Reaktionsmustern und Dynamiken, andererseits aber lassen sich auch übergeordnete, allgemeine, idealtypische Muster feststellen, die mit der Problematik und den zentralen Konflikten des Patienten direkt verbunden sind und sogar Hinweise auf deren Art und Genese bieten können (Piper et al. 1993, Freedman u. Lavender 1997, Faller 1999, Hartkamp 2002).

Gerade im Rahmen der psychoanalytischen Diskussionen um die intersubjektiven Theorien wird hervorgehoben, wie sehr beide, Patient und Therapeut, einander beeinflussen (Jaenicke 2010). Die Spannung zwischen hoher Subjektivität eines therapeutischen Kontaktes und gleichzeitiger Präsenz allgemeiner Beziehungsmuster, geprägt durch die Pathologie der Patienten charakterisiert die psychoanalytisch-psychotherapeutische Beziehung. Sie findet ihre Entsprechung in dem wiederholten Wechsel von »empathisch-introspektivem Untersuchungsmodus« (Jaenicke 2010, 15), von Stuhr (1995) auch *»identifikatorisches Sich-Einlassen«* genannt, mit einer reflexiven, neue Bedeutungen auffindenden Distanzierung, mit der auch die szenischen oder handlungsdialogischen Verstrickungen von Patient und Therapeut auf einer tieferen Verstehensebene entschlüsselt werden können (Klüwer 1978).

Die hier beschriebenen Vorgänge haben eine besondere Bedeutung für die diagnostische Phase von Psychotherapien, weil hier Patient und Therapeut regelhaft noch wenig voneinander wissen und miteinander interagieren, ohne die sich entwickelnden Beziehungsformen genau zu kennen. Hier entscheidet sich, ob überhaupt ein therapeutischer Kontakt zustande kommt und welche Beziehungsproblematik in der Therapie aufgegriffen wird. Zugleich ist die *»sich in der Behandlungssituation darbietende Szene [...] ein Splitter einer ihr zugrunde liegenden wichtigen unbewussten Beziehungssituation des Patienten, deren Bedeutung durch seine weiteren Einfälle in der Stunde erkennbar und verständlich wird«* (Klüwer 2001, 349).

Mit dieser Untersuchung soll das Auftauchen von Heimatlichkeit in der initialen therapeutischen Beziehung in einem psychosomatischen Konsil-/ Liaisondienst einer geriatrischen Klinik beschrieben und seine Auswirkungen auf die weitere Behandlung benannt werden.

Ein psychosomatischer Konsil-/Liaisondienst in der Geriatrie

Der psychosomatische Konsil-/Liaisondienst der Medizinisch-Geriatrischen Klinik des Albertinen-Hauses in Hamburg umfasst die fachärztliche klinische Diagnostik und psychodynamisch orientierte Psychotherapie psychisch auffälliger geriatrischer Patienten, Empfehlungen und Anbahnung von weiteren psychiatrischen, psychosomatischen und psychotherapeutischen Behandlungen nach Entlassung sowie intensive praxisorientierte Beratung der Pflege, der Therapeuten und anderer Mitarbeiter des geriatrischen Teams. Die Patienten werden mehrmals aufgesucht. In der Regel ist es möglich, eine psychotherapeutisch orientierte Gesprächssituation zu schaffen, in der auch die Wahrnehmung der Inszenierungen des Kontakts zur diagnostischen und manchmal auch zur therapeutischen Klärung der aktuellen Problematik beitragen können. Es handelt sich also um eine modifizierte psychodynamische Diagnostik und um kurzpsychotherapeutische Interventionen, die nahe am Erleben der akut erkrankten multimorbiden Patienten angesiedelt sind. Die Patienten befinden sich oftmals in einer durch Krankheitssymptome, Lebens- bzw. Todesangst, Fremdheit und Hospitalisierung charakterisierten existenziellen Regression.

Die initiale Szene: »gemeinsame Heimat«

Das Gespräch über die konkrete »gemeinsame Heimat Hamburg« kann eine spezifische, Kontakt und Vertrauen fördernde Interaktion befördern. Dabei kommen Inhalte der Kindheit des Therapeuten nicht zur Sprache, wohl aber wird durch Nachfragen ein wissendes Interesse am »Raum der Kindheit« des Patienten signalisiert. Eine spontane Kurzbefragung der internistisch-geriatrischen Kollegen, wie sie sich fühlten, wenn sie von Patienten erfahren, dass diese aus ihrer Heimat stammen, zeigte Zustimmung: allgemein wurde dieses Gefühl des Erkennens und Erinnerns als positiver »Türöffner« empfunden.

Die Patienten

Alle Konsilberichte (N = 69) von sechs Monaten (Januar bis Juni 2012) wurden retrospektiv auf Mitteilungen über die kindliche Heimat der Patienten hin untersucht. Daraus wurden zwei Gruppen gezogen: elf Patienten hatten konkrete Angaben zu ihrer Hamburger Kindheit gemacht, bei ebenso vielen wurde ein Flüchtlingsschicksal vermerkt.

In der Analyse wurde besonderes Augenmerk einerseits auf die Schilderungen über Kindheit und Jugend und andererseits auf die sich im Erstkontakt entwickelnde Übertragungssituation gelegt. Insgesamt wurden 21 Frauen und ein Mann untersucht, zehn Patienten waren zwischen 70 und 79 Jahren, 11 Patienten zwischen 80 und 89 und ein Patient über 90 Jahre alt. Die Hauptdiagnose war bei sechs Patienten eine Herzerkankung, bei fünf eine Magen-Darm-Erkrankung, bei vier eine Lungen-/Bronchialerkrankung und bei fünf eine organische Hirnerkrankung (einschließlich Demenz). Zwei Patienten hatten einen Unfall erlitten und sieben Patienten hatten Schmerzen. Vier weitere Patienten hatten eine andere Hauptdiagnose, wobei Mehrfachnennungen möglich sind (s. Abb.1).

Methodisches Vorgehen: Verstehende Typenbildung

Angelehnt an die qualitative Methode der Verstehenden Typenbildung (Weber 1904, Gerhardt 2001, Stuhr 2001) wurde eine idealtypische Übertragungssituation für beide Gruppen formuliert und ein diese Situation charakterisierender prototypischer Fall definiert. Zudem wurden Abweichungen aus den Fällen, die diesen Mustern nicht entsprachen, beschrieben. Dafür wurden in der Fallrekonstruktion die Konsilberichte mehrfach durchgearbeitet und auf einem Datenblatt Kurzfassungen des medizinischen Problems, der Diagnosen (einschließlich einer psychodynamischen Kurzdiagnose), der biografischen Angaben und des Übertragungsgeschehens in den therapeutischen Gesprächen notiert. Diese wurden tabellarisch zusammengefasst und im nächsten Schritt knapp charakterisiert. Im Fallvergleich wurde aus den Fällen mit ähnlicher Charakterisierung eine idealtypische Übertragungssituation beschrieben, der prägnanteste Fall und die davon abweichenden Fälle benannt und ebenfalls beschrieben. Eine ausführliche wissenschaftstheoretische Einordnung der Methode findet sich bei Lindner (2006).

Heimatliche Übertragung

Als Idealtypisches »*heimatliches Übertragungsgeschehen*« findet sich bei sieben der elf Hamburger Patienten folgende Konstellation:

Die Schilderung der lebensgeschichtlichen Ereignisse in Kindheit und Jugend löst beim Therapeuten Erinnerungen an Schilderungen seiner Eltern aus der selben Zeit und über die selben Örtlichkeiten aus, wie auch Fantasien und Gefühle zu diesen Schilderungen. Patientinnen und Therapeut geraten im Gespräch in den lokalen Akzent. Es entsteht beim Therapeuten ein positives Gefühl, die Patientin unterstützen und ihr weiterhelfen zu wollen.

		Hamburger Patienten (N=11)	Flüchtlinge Patienten (N=11)
Geschlecht	Männlich	1	0
	Weiblich	10	11
Alter	60 - 69		
	70 - 79	4	6
	80 - 89	6	5
	> 90	1	
Haupterkrankung (Mehrf.)	Herz	4	2
	Magen/ Darm	3	2
	Lunge	3	1
	Org. Hirnerkrankung (incl. Demenz)	3	2
	Unfall	0	2
	Schmerz	2	5
	Anderes	2	2
Suizidalität/Lebensmüdigkeit	Lebensmüde	1	1
	Distanziert	0	0
	Latent	0	0
	Akut	0	0
	Nicht dokumentiert	9	10
	Keine Suizidalität	1	0
Empfehlung (Mehrf.)	im Konsil		
Psychopharmaka		5	4
Zum Umgang in der Behandlung		1	3
Psychotherapie/Beratung ambulant		4	4
Psychotherapie stationär		1	0

Abb. 1. Psychosoziale Basisdaten der Patienten

Als prototypischer Fall wird Frau HB ausgewählt, Jahrgang 1930, die wegen einer Angststörung und eines affektiv getriggerten Tremors mit einem ängstlich-depressiven Syndrom vorgestellt wird. Sie schildert nächtliche »Angstträume«, in denen sie immer wieder den Verlust der Eltern in den Bombennächten 1943 im Bunker des Karstadt-Kaufhauses in Hamburg-Barmbek erlebt. Es besteht differenzialdiagnostische Unklarheit, ob ein essenzieller Tremor oder ein Parkinson-Syndrom vorliegt. Sie leidet an einer Herzinsuffizienz, Schwindel und wiederholten Gastritiden.

Aus ihrer Lebensgeschichte geht hervor, dass sie nach dem Verlust der gesamten Familie 1943 – sie überlebte, da sie gerade zu Besuch bei einer Tante außerhalb Hamburgs war – mit 13 Jahren allein blieb, in einer kleinen Kammer in Winterhude hauste, dann aber durch Fleiß in einem Schuhgeschäft unterkam. Nach dem Krieg kam es früh zu einer Art Notgemeinschaftsehe mit einem ebenfalls bindungslosen Heimkehrer, die sehr belastet war. Sie hatte sechs Kinder, trotzdem ließ sie sich scheiden und lebt aktuell noch mit zwei psychisch belasteten Söhnen zusammen.

Ihre Schilderung lösten in mir Erinnerungen an die Erzählungen meiner Mutter aus, die damals wenige hundert Meter von dem Inferno des Bombardements von Barmbek-Süd entfernt zusammen mit ihrem Bruder, damals neunzehnjährig, das Dach ihres Elternhauses löschte, als das direkte Nachbarhaus lichterloh brannte. Diese Schilderung war in meiner Kindheit eine Art Kerngeschichte, denn der Mut und die Tatkraft meiner Mutter erhielt das Haus meiner Kindheit. Zugleich wurde bei dieser Geschichte berichtet, wie man am nächsten Morgen kilometerweit nach Barmbek reinschauen konnte und Sorge hatte, ob die dort lebenden Verwandten überlebt hatten. So mag diese Erinnerung während des Zuhörens in mir zweierlei ausgelöst haben: Bedrohung und Angst, wie auch Tatkraft und Helfen-Wollen, ein Muster, das meine Mutter, aber auch meine Beziehung zu ihr charakterisiert. Der Patientin gegenüber erlebte ich mich tatkräftiger, organisierender und telefonierte mit der Nervenärztin und regte ein neurologisches Konsil zur Klärung des Tremors an.

Psychodynamisch ist dies wohl als Reinszenierung einer traumatischen Überwältigung zu verstehen, auf die ich mittels eigener Bewältigungsmechanismen in Aktivität und »Helfen-Wollen« reagierte.

In zwei weiteren Fällen traten andere Übertragungsmuster auf:

Frau EB wurde wegen der Trauer um ihren während ihres Krankenhausaufenthaltes verstorbenen Ehemann vorgestellt. Sie berichtete auch von den Bombennächten in Barmbek, von der Evakuierung und der mütterlicher Trauer, da ihr Vater im Krieg kurz zuvor gefallen war, aber auch von einer tatkräftigen Großmutter und einer »normalen« Ehe. Sie war resigniert und nahm kaum Kontakt auf und so geriet auch ich in eine Art des »Aufgebens« der Patientin, das mir erst bewusst wurde, als ich erfuhr, dass die Patientin mit einer akuten Komplikation verlegt werden musste und zuvor kaum gegessen und getrunken hatte.

Der einzige Mann, den ich untersucht hatte, Herr F, Jahrgang 1926 wurde wegen einer schweren Depression und einem amnestischen Syndrom vorgestellt. Er stammte aus Winterhude, aus der Dorotheenstraße. Er wohnte damals also ebenfalls unweit des Geschehens und berichtete von einer eher kargen, autoritären Kindheit mit einem eher unbeholfenen Hafenarbeiter-Vater. Positiv aber sei das Spielen in der großen Gruppe der Kinder im Viertel gewesen, die als Straßenbanden organisiert durch die Gegend streiften. Er selbst wurde Marinesoldat, später Diplomingenieur, führte eine lange Ehe, der Kontakt zu den Kindern sei auch jetzt »nicht einfach«. Er hatte es sehr schwer mit der Trauer um seine verstorbene Ehefrau, konnte diese kaum benennen und äußerte große Sorgen um seine Zukunft. Ich war irritiert über eine autoritär anmutende Übertragungssituation; er schien sich mir dauernd zu unterwerfen, gab aber zugleich wenig von seinem Innenleben preis. Dies führte dazu, das ich ihn sehr entfernt und mich von ihm recht entfernt erlebte.

Flüchtlingsübertragung

Im Kontrast zu der heimatlichen Übertragungsbeziehung ist das »*Flüchtlings-Übertragungsgeschehen*« charakterisiert durch ein ambivalent-misstrauisches oder überwältigend-abweisendes Beziehungsangebot, auf das ich primär zurückweisend oder sprach- und kommentarlos reagiert habe. Dieses Muster fand sich bei 10 der 11 Patienten, deren Flüchtlingsschicksal dokumentiert wurde.

Als prototypischer Fall wurde Frau RH ausgewählt. Die 1936 geborene Patientin befand sich wegen eines Zoster ophthalmicus in der geriatrischen Behandlung. Eine depressive Störung war bekannt, die Patientin selbst auch, denn sie lebt mit ihrem Ehemann im Altersheim des Albertinen-Hauses, also in unmittelbarer Nachbarschaft. Die Schwestern berichteten, Frau H. sei sehr depressiv und habe Probleme mit ihrem Mann. Frau H. zog mich in einen Kontakt, der mich zugleich überwältigte und abstieß. Sie sprach von einer ungeheuren Belastung, einer Vielzahl von Sorgen, sowohl um die Gesundheit ihres Mannes als auch um die Lebenssituation ihrer beiden Töchter. Zugleich aber bot sie ständig an, die Probleme besänftigend abzutun oder schön zu reden, was eine ärgerliche Reaktion in mir auslöste.

Sie war gern bereit von ihrer ärmlichen und lieblosen Kindheit in Ostpreußen zu berichten. Die Ehe der Eltern sei unfroh und von gegenseitiger Verachtung geprägt gewesen. Die Mutter starb 1945 auf der Flucht im Samland an Tuberkulose. Sie selbst konnte sich nicht von ihr verabschieden und geriet mit ihren vier Geschwistern und einer Tante für drei Jahre in russische Gefangenschaft. Mehrfach erlebte sie die Bedrohungen der Flucht. Sie entwickelte eine massive Selbstwertproblematik. Ihre Ehe mit einem zunächst stützend-führenden Mann verlief enttäuschend, zwischenzeitlich trennte sie sich. Sie fand Halt in einer freikirchlichen Gemeinde, in der sie sich pflichtschuldigst engagierte, also Verurteilung fürchtend aufopferte.

In den ersten Stunden inszenierte sie eine Ablehnungsreaktion durch mich: Ich wollte sie zunächst in die Psychiatrie verlegen, was sie jedoch ablehnte. Durchaus ambivalent ob meiner ablehnenden Gefühle bot ich ihr einen ambulanten Therapieplatz an. Erst nach Monaten der Therapie erfuhr ich, dass die Nachricht, sie solle jetzt verlegt werden, ihr zufälligerweise von drei Ärzten überbracht worden war. Sie erlebte dies als eine Reinszenierung eines Traumas: Im August 1945 klopften drei deutsche Soldaten am Haus ihrer Mutter mit der Aufforderung, sie sollten sich in zwanzig Minuten fertig machen, alles werde evakuiert. In 14 Tagen könnten sie zurück kommen, sie sei aber nie wieder nach Hause gekommen. Deshalb geriet sie wohl in Angst und Panik, als sie von der geplanten Verlegung erfuhr. Ich vermute aber auch, dass sie mit mir weiter reden wollte. In den ersten Stunden versuchte ich, meine Ambivalenz ihr gegenüber zu verstehen. Die Patientin ermöglichte es mir nicht, mich ihr ähnlich zu fühlen. Vielmehr befand ich mich in einem Zustand von Distanz und Mitgefühl: Distanz ob der Fremdheit und der unterwürfigen Aggressivität und Mitgefühl aus einem Interesse, wie so ein Leben in Kargheit und Selbstverleugnung doch zu dem Wunsch nach Psychotherapie im Sinne einer Reflexion und lebendigen Behauptung führen kann.

Nur bei einer einzigen Patientin mit einem Flüchtlingsschicksal entwickelten sich bei mir keine aversiven Gegenübertragungsgefühle:

Frau AS, Jahrgang 1935, war wegen einer Pneumonie erst spät ins Krankenhaus gekommen, da sie ihren Ehemann versorgen musste. Deutlich wurde rasch eine krankheitsbedingte Destabilisierung einer altruistisch-versorgenden Abwehr mit depressiv-ängstlicher Trennungsangst und –schuld. Sie war sehr daran interessiert, sich zu verstehen, was zu einer angenehm-positiven Reaktion bei mir führte, ihr stabilisierend »helfen« zu können. Es gelang, mit ihr über Möglichkeiten der Selbstfürsorge zu sprechen, um nicht erneut so schwer zu erkranken und damit die gefürchtete Trennung vom Mann selbst herbei zu führen. Im Gegensatz zu den anderen Patienten der Flüchtlingsgruppe war sie in der Vorkriegszeit in einer großbürgerlichen Familie als Nesthäkchen behütet aufgewachsen und erst spät mit 23 Jahren 1958 aus der DDR geflüchtet. Sie konnte Vater und Mutter zwar nie wieder sehen, band sich jedoch an den Ehemann, mit dem sie nun die Trennungsproblematik wiederholte.

Diskussion

Die hier beschriebenen idealtypischen Beziehungsmuster erheben durchaus den Anspruch, über die Beobachtung in einer einzelnen Kasuistik hinaus allgemeine klinische Phänomene zu skizzieren.

Die als Expertenevaluierung zu verstehende Diskussion der Ergebnisse auf dem 24. Symposium »Psychoanalyse und Altern« (2012) führte zu einigen Einschränkungen und Kritikpunkten: das Erleben von Krieg, Bomben, Hamburger Feuersturm und Kinderlandverschickung, aber auch von Flucht und Vertreibung ist individuell vor einem sehr unterschiedlichen lebensgeschichtlichen Hintergrund mit einem sehr unterschiedlichen Verarbeitungsschicksal zu verstehen. Die Folgen auch für die Art der Beziehungsgestaltung im Krankenhaus können sehr unterschiedlich sein. Wenn nun, wie hier dargestellt nur zwei besonders häufige Interaktionsmuster vorkommen, so könnte dies auf den hohen Anteil an Eigenübertragung des Therapeuten hinweisen, der ja bei allen Fällen der gleiche war. Diese Eigenübertragung des Therapeuten könnte nun das spezifische Erleben des Patienten kaschieren und überdecken. Für dieses Argument spricht, dass gerade die initiale (diagnostische) Szene eines therapeutischen Gesprächsbeginns (Argelander 1970, Klüwer 2001) von beiden Akteuren und ihrer inneren Beziehungsbereitschaft »gestaltet« wird; der Therapeut aber, da er mit seinen Reaktionen in dieser »Szene« auch in einem Erstgespräch im Krankenhaus vertraut ist, kann genau dieses Erleben und seine jeweilige Spezifität mit jedem einzelnen Patienten zum Verständnis von dessen innerer Welt einsetzen. Im Grunde dient die individuelle Gegenübertragungsreaktion in dieser Situation sowohl als »Türöffner« für eine Suche nach einem tieferen Verständnis der psychischen Situation des Patienten als auch als Warnhinweis auf eine Bereitschaft zum Agieren kontaktschädigender Impulse im Therapeuten.

Der Topos »Flucht« wurde in der Diskussion in seiner Gestalt und in seinen Folgen noch einmal erweitert. In Deutschland lebende ältere Menschen können unterschiedlichste Flucht- und Vertreibungserfahrungen in sehr unterschiedlichen Lebensaltern hinter sich haben. Als Erklärung für den recht homogenen Gegenübertragungsmodus bei dieser Stichprobe kann auch die recht einheitliche Altersgruppe zwischen 70 und 90 Jahren gelten, d. h. Personen, geboren zwischen 1922 und 1942. Die meisten dieser Flüchtlinge hatten ihre Fluchterfahrungen nach dem zweiten Weltkrieg aus den ehemaligen östlichen Teilen Deutschlands gemacht.

Zugleich, und das macht der geschilderte Vergleich mit den Flüchtlings-Patienten deutlich, ist es notwendig, die Eigenübertragung auf den Patienten, sich selbst gegenüber kritisch und freundlich, wahrzunehmen und zu nutzen. Offensichtlich können wir, die wir keine Assoziation mit Fluchterfahrungen haben, mit den Flüchtlings-Patienten auch 67 Jahre nach dem Ende des Krieges in genau die gleichen Fremdheits- und Abstoßungsgefühle geraten, die diese vielfältig nach der Flucht erleben mussten. Wenn es gut lief, dann erlebten die Flüchtlinge die beschriebene Verbindung aus Distanz und Mitgefühl und konnten darin sowohl trauern als auch neue Bindungen eingehen. Wenn es schlecht lief und Fremdheit und Ausstoßungsgefühle in reale Feindseligkeit und soziale Ausgrenzung umschlugen kam es zu Verbitterung, idealisierender Sehnsucht und anklammernden Familienbeziehungen, in denen die eigenen Kinder nicht losgelassen werden konnten.

Heimatlichkeit in der Übertragungsbeziehung mit Älteren, so kann man resümieren, ist nichts anderes als ein Aspekt der bekannten umgekehrten Gegenübertragung, wie sie von Radebold (1992) ausführlich beschrieben wurde: Der Therapeut ist mit Gefühlen und Reaktionsbereitschaften beschäftigt, die aus seinem Verhältnis zu seinen eigenen Eltern herrühren. Die umgekehrte Gegenübertragung ist damit auch im intersubjektiven therapeutischen Feld angekommen. Sie darf sein, sie ist sogar unumgänglich, um in einen direkten Kontakt mit dem Patienten und seinen Beziehungskonflikten zu geraten. Im Sinne Klüwers (2001) müssen wir uns mit den Patienten »verstricken«. Dies ist ein höchst subjektiver Vorgang, der von den lebensgeschichtlich determinierten Beziehungsmustern beider, Patient und Therapeut, geprägt ist. Doch sind diese Beziehungsbereitschaften weder beliebig noch vollkommen einzigartig, sondern sie folgen wiederum übergeordneten Mustern, die man auf dysfunktionale, konflikthafte oder traumatische Einflüsse durch den Patienten hin untersuchen kann. Entscheidend ist dabei, wie der Therapeut sich verhält, um dem Patienten Erkenntnis, positive Erfahrung und Entwicklung zu ermöglichen. Dies gelingt nur in einem reflexiven Prozess, der manchmal auch den Einbezug Dritter im Sinne einer Supervision verlangt.

Ein wichtiger Aspekt heimatlicher Gegenübertragung scheint dabei die gemeinsame Sprache, der gemeinsame Dialekt, die *Mutter*sprache zu sein, die nicht nur Assoziationen und Erinnerungen, sondern ganze Handlungsabfolgen, Handlungsprozesse mit Bedeutung in der Kindheit im Sinne einer Prozessidentifizierung (Danckwardt 2001, Hinshelwood 1993) wiederbelebt und in die therapeutische Beziehung hinein bringt und diese sehr beleben kann. Julia Kristeva (2010) bezeichnet die Sprache im Sinne der Redeweise als zentralen Aspekt, durch den Sublimation kulturell wird, weil sie Kreativität fördert. Diese Öffnung zur Heterogenität des Triebhaften, so Kristeva, führe zu einer Verwandlung der Alchemie des Vergnügens (»plaisir«) in Genuss (»jouissance«, 680f). »*Es gibt keine Kreativität sprechender Wesen als die, welche Sprache nutzt, um die ›Auto-re-kreation‹ des Selbst herbeizuführen, die auch psychisches Leben genannt wird*« (684, Übers. RL). Wir sollten die Erfahrung der Heimatlichkeit, aber auch der Fremdheit, des Flüchtlings, in den Psychotherapien mit unseren Patienten als eine wichtige interaktionelle Erfahrung willkommen heißen, denn sie fördert diese Form sublimierender Kreativität. Sie kann zur Aufweichung lebloser Strukturen beitragen, in denen sich gerade viele Ältere befinden, sowohl in ihrer Art Beziehungen zu gestalten als auch sich selbst zu erleben.

Es ist kein Zufall, sondern eine Folge der kollektiven traumatischen Erfahrungen der Kohorte der jetzt alten Patienten, dass die beschriebenen Übertragungsbeziehungen auch als Reinszenierungen traumatischer Erfahrungen verstanden werden können, wie sie von Holderegger (2012) untersucht wurden. Auch er kommt zu dem Schluss, dass beide, Patient und Therapeut in einem »wechselnden intersubjektiven Feld« (er zitiert hier Kunzke 2011, 598) etwas Drittes, Neues schaffen, das auf der Suche nach dem Objekt, nach einer Entwicklung fördernden Beziehung zu einer neuen interaktiven Kreativität führt, die »entscheidend ist für den Erfolg des therapeutischen Unternehmens« (ebd., 1113). Ein Vehikel dieser kreativen Interaktion ist die vertraute, aber auch die fremde Sprache, die uns in der Psychotherapie verbindet.

Pelzl greift auf das Konzept der Lauthülle von Anzieu (1991) zurück, eine »Möglichkeit, der Bedeutung der Laute der Mutter und der muttersprachlichen Phoneme (d.h. der kleinsten bedeutungsunterscheidenden Einheiten der Sprache) für die kindliche Entwicklung, insbesondere der weiteren Entwicklung der Symbolisierungsfähigkeit, der Sprache und des Denkens« (Pelzl 2013, 5). Ohne einen direkten Bezug auf den (deutschen) Dialekt weist die Autorin darauf hin, dass gerade dieser muttersprachliche Singsang mit frühen Körpererfahrungen im Sinne des Winnicott'schen Übergangsraums assoziiert ist. Die geriatrischen Patienten dieser Stichprobe waren durch ihre aktuellen körperlichen Erkrankungen sicher vielfältig mit der Reinszenierung derartiger früher Körpererfahrungen beschäftigt. Es könnte sein, dass gerade deshalb auch das heimatlich-mütterliche Idiom des Hamburger Dialekts beziehungsstiftend wirkt, weil mit ihm frühe, Halt gebende und beruhigende Erfahrungen angesprochen werden.

Literatur

Anzieu D (1991) Das Haut-Ich. Frankfurt (Suhrkamp).

Argelander H (1970, 1992) Das Erstinterview in der Psychotherapie. Darmstadt (Wissenschaftliche Buchgesellschaft).

Danckwardt JF (2001) Die Hilflosigkeit des Unbewussten und die Prozessidentifizierungen als Arbeitsebene bei schweren Konflikten. In: Bohleber W, Drews S (Hg) (2001) Die Gegenwart der Psychoanalyse – die Psychoanalyse der Gegenwart. Stuttgart (Klett-Cotta) 409–423.

Faller H (1999) Das emotionale Erleben des Therapeuten und die Indikationsstellung für Psychotherapie. Psychotherapeut 44: 25–35.

Freedman N, Lavender J (1997) On receiving the patient's transference: The symbolizing and desymbolizing countertransference. J Am Psychoanalytical Assoc 45: 79–103.

Gerhardt U (2001) Idealtypus. Zur methodischen Begründung der modernen Soziologie. Frankfurt (Suhrkamp).

Hartkamp N, Schmitz N, Schulze-Edinghausen A, Ott J, Tress W (2002) Spezifisches Gegen-übertragungserleben und interpersonelle Problembeschreibung in psychodynamischer Psychotherapie. Nervenarzt 73: 272–277.

Heimann P (1950) On Countertransference. Int J Psychoanal 31: 81–84.

Holderegger H (2012) Trauma und Übertragung. Psyche 66: 1102–1117.

Kunzke D. (2011) Grundlegende Merkmale interpersonaler, intersubjektiver und relationaler Ansätze als Ausdruck aktueller Entwicklungstendenzen in der Psychoanalyse. Psyche 65: 577–616.

Lindner R (2006) Suizidale Männer in der psychoanalytisch orientierten Psychotherapie. Eine systematische qualitative Studie. Gießen (Psychosozial).

Jaenicke C (2010) Veränderung in der Psychoanalyse. Selbstreflexionen des Analytikers in der therapeutischen Beziehung. Stuttgart (Klett-Cotta).

Klüwer R (1978, 1995) Die Technik der Fokaltherapie. In: Klüwer R (Hg) Studien zur Fokaltherapie. Frankfurt a.M. (Suhrkamp) 92–109.

Klüwer R (2001) Szene, Handlungsdialog (Enactment) und Verstehen. In: Bohleber W, Drews S (Hg) Die Gegenwart der Psychoanalyse – die Psychoanalyse der Gegenwart. Stuttgart (Klett-Cotta) 347–357.

Kristeva J (2010) The impudence of uttering: mother tongue. Psychoanalytic Review 97: 679–694.

Piper WE, Joyce AS, McCallum M, Azim HFA (1993) Concentration and correspondence of transference interpretation in short-term psychotherapy. J Consult Clin Psychol 61: 586–595.

Pelzl E (2013) Über Muttersprache, ihren Verlust und fremde Mütter. Psyche 67: 1–22.

Radebold H (1992) Psychodynamik und Psychotherapie Älterer. Berlin (Springer).

Stuhr U (1995) Die Fallgeschichte als Forschungsmittel im psychoanalytischen Diskurs – Ein Beitrag zum Verstehen als Methode. In: Kaiser E (Hg) Psychoanalytisches Wissen: Beiträge zur Forschungsmethodik. Opladen (Westdeutscher Verlag) 188–204.

Stuhr U, Wachholz S (2001) In search for a psychoanalytic research strategy: The concept of ideal types. In: Frommer J, Rennie DL (Hg) Qualitative psychotherapy research – Methods and Methodology. Lengerich (Pabst Science Publishers) 153–169.

Weber M (1904, 1988) Die »Objektivität« sozialwissenschaftlicher und sozialpolitischer Erkenntnis. In ders.: Gesammelte Aufsätze zur Wissenschaftslehre. Tübingen (Mohr) 146–214.

Korrespondenzadresse:
PD Dr. med. Reinhard Lindner
Gerontopsychosomatik und Alterspsychotherapie
Medizinisch-Geriatrische Klinik Albertinen-Haus
Sellhopsweg 18–22
22459 Hamburg
E-Mail: reinhard.lindner@albertinen.de

Hartmut Radebold (Hg.)

Kindheiten im Zweiten Weltkrieg und ihre Folgen

türe inmitten der Erinnerungskultur.«

Die ZEIT

»Die Aufsätze des Buches geben Ein-
blick in den Kenntnis- und Forschungs-
stand und diskutieren Perspektiven,
außerdem werden unterschiedliche
historisch-sozialgeschichtliche, psychologische und medizinische Aspekte
angesprochen und u.a. anhand von
Studienergebnissen und Fallberichten
vorgestellt. Die Lektüre empfiehlt sich
insbesondere Therapeuten, die mit dieser Generation arbeiten, aber natürlich
auch allen psychosozialgeschichtlich
Interessierten oder selbst Betroffenen.«
Psychotherapie im Dialog 1/2006

3. Auflage 2012 · 237 Seiten · Broschur
ISBN 978-3-8379-2244-8

»Die Seelennot der Kriegskinder, wie sie sich von der
Warte der Analytiker in der
therapeutischen Praxis darstellt. Und wie sie sich in die
zweite, in die dritte Generation
fortwirkt. Eine erhellende Lek-

Nachdem sie lange geschwiegen und
verdrängt hat, erinnert sich die Generation der »Kriegskinder« an ihre
Kindheit und Jugendzeit im Krieg
und die Folgen. Das, was ihr Leben so
elementar bestimmte, wird erst in den
letzten Jahren wahrgenommen und
diskutiert.

Walltorstr. 10 · 35390 Gießen · Tel. 0641-9699 78-18 · Fax 0641-9699 78-19
bestellung@psychosozial-verlag.de · www.psychosozial-verlag.de

»Heimat, Sehnsucht, heile Welt?«

Nachlese vom 24. Symposium »Psychoanalyse und Altern«

Bertram von der Stein (Köln) und Johannes Kipp (Baunatal)

Heimat ist ein vielschichtiger Begriff. Er vermittelt statische Beständigkeit, Zuverlässigkeit der Traditionen und Überschaubarkeit. Heimat bezeichnet einen Nahbereich, der gerade für ältere Menschen sehr wichtig ist. Trotz der Beschwörung der Beständigkeit im Begriff Heimat wird jedem, der sich mit Heimatkunde beschäftigt, sehr deutlich, dass in Wirklichkeit sich dieser Nahbereich dynamisch verändert. Dies kommt beispielsweise in regionalen Festschriften zum Ausdruck, die Entwicklung und Fortschritt vom Mittelalter bis heute aufzeigen.

In zahlreichen Beiträgen des 24. Symposiums wurde thematisiert, wie traumatisierend, kontaminierend und zerstörerisch sich im Rahmen dieser Entwicklung die Zäsur des Zweiten Weltkrieges, des Nationalsozialismus und des Holocausts auf das Heimatgefühl der Deutschen auswirkte.

Tilmann Moser stellte in seinem Vortrag »Vielfacher realer und seelischer Heimatverlust: Verwirrung als Schicksal« die Geschichte einer jetzt 79-jährigen Patientin in den Mittelpunkt, die mit vier Jahren ihren Vater verloren hatte und von ihrer Mutter nicht gewollt war. Nach dem Tod des Vaters wurde sie abrupt, und ohne die Möglichkeit zu trauern, nach Berlin (realer Heimatverlust) in eine Pflegefamilie verpflanzt. Diese war NS-kritisch eingestellt, während sie in der Schule mit Kindern von Nazigrößen zusammen war, die von Empfängen beim Führer schwärmten. So fand sie weder in der Pflegefamilie noch in der Klasse eine sichere seelische Heimat.

Moser zeigte dann weiter auf, dass sie in ihrem Lebensschicksal dauernd zwischen zwei Polen hin- und hergerissen war: evangelische Erziehung aber ein katholisches Schulinternat, Brotberuf Lehrerin aber eigentliche Berufung Künstlerin, Lehranalyse in einem orthodoxen Institut aber lange Therapie bei dem »nicht analytisch Rechtgläubigen«. Er beschreibt, wie er ihr die Hand hält und sie in ihrem künstlerischen Schaffen unterstützt, vielleicht um sie zu beheimaten. Die Zielsetzung dieser Therapie wurde vom Auditorium ausführlich diskutiert (Therapie versus Lebensbegleitung).

In ihrem Vortrag »Altern und Migration« ging Hediaty Utari-Witt auf die Anstrengungen ein, die mit der Migration und dem Heimatverlust verbunden sind und die mit zunehmendem Alter immer schwerer kompensierbar seien. »Menschen mit Migrationshintergrund erleben den Autonomieprozess ihrer Kinder schmerzhafter als Ortsansässige. Dieser hat mit Trennung und Abschied zu tun, was immer wieder – mal intensiver, mal auch weniger – schmerzhafte alte Abschiedserfahrungen mobilisiert.« Damit »kommen verstärkt Fragen an die Oberfläche: [...] Ist das Leben, so wie ich es bis jetzt gelebt habe, meine Bestimmung? [...] Das Auftauchen all dieser Fragen und das Bemerken des eigenen Alters verstärkt Sehnsüchte nach dem ›Mutterland‹«.

An dem Fallbeispiel einer iranischen Familie zeigte sie die unterschiedlichen Haltungen zum Heimatland auf. Während die Mutter zu ihrer Familie im Iran Kontakt hält und ihre Haltung mit der Aussage beschreibt: »Ich fühle mich nicht als Iranerin, auch nicht als Deutsche«, hat sich der Vater ganz vom Iran abgekehrt, um, wie Utari-Witt beschreibt, »auftauchende traumatisierende Erfahrungen aus der Vergangenheit« abzuwehren. Er hatte seiner Tochter eine Iranreise verboten, die »die Stätten ihrer frühen Kindheit (Wohnungen, Geschäfte)« besuchen wollte. Utari-Witt sieht bei der Mutter die Fähigkeit zur Nostalgie, unter der sie »das Ertragen und Tolerieren schmerzhaft-bittersüßer Gefühle der Trauer« versteht, während sie beim Vater eine »Nostalgievergiftung« konstatiert, ein Begriff, der von dem Psychoanalytiker und Dichter Salman Akhtar geprägt wurde.

Am Beispiel von türkischen Familien veranschaulichte Utari-Witt dann spezifische Generationenkonflikte. In Deutschland aufgewachsene Kinder verstehen oft nicht, weshalb ihre Eltern, Gastarbeiter der ersten Generation, so rückwärtsgewandt sind. Dies macht sich auch an den Vorstellungen fest, wie die Eltern im Alter versorgt werden. Nach tradierten Wertvorstellungen erwarten die Eltern im Alter die volle Fürsorge ihrer Kinder, nach neuen Vorstellungen sollen sie ihre Kinder aber loslassen. Haben die Eltern für ihr Alter selbst vorgesorgt, besteht – rational gesehen – kaum eine Notwendigkeit, das gegenseitige Abhängigkeitsverhältnis zu kultivieren.

Mit zunehmendem Alter und mit dem Schwinden der Identifikation mit der Arbeitswelt werden zudem bei der älteren Generation frühe Sehnsüchte nach Vertrautem im Mutterland geweckt. Mit dem Hausbau im Heimatland ist für Migranten aus dem näheren Ausland teilweise eine integrative Lebensführung (z. B. Sommer in Deutschland, Winter im Mutterland) möglich, während dies bei Ursprungsländern wie Vietnam oder Indonesien gar nicht mehr infrage kommt.

Manchmal komme es auch zu einer Annäherung der Enkel an die Großeltern, wenn Konflikte zwischen der Enkel- und Elterngeneration nicht lösbar seien.

Zum Schluss ging Utari-Witt auf Vorstellungen zum endgültigen Abschied und zu den Vorstellungen ein, wo jemand begraben sein möchte. Die Entscheidung, dass man in der eigentlich »fremden« Erde sich ruhend vorstellen kann, bringt zum Ausdruck, dass das Land der Kinder auch von den Eltern als Heimat gesehen wird. Wenn die Wahl der letzten Ruhestätte im Land der Ursprungsfamilie eher vorstellbar erscheint, kann dies auch eine Widerspiegelung der Migrationserfahrung sein: Es fehlt dann das Gefühl, im Migrationsland beheimatet zu sein und dort richtig geborgen und friedlich zur Ruhe zu kommen. Angelehnt an Winnicotts Begriff einer »good enough mother«, prägte Schneidmann (2008, zitiert nach Akhter) den Begriff eines »good-enough-death«. Salman Akhtar betont, wie wichtig es für Migranten ist, einen angemessenen Abschied zu gestalten.

Nicht unerwähnt bleiben sollte auch Hartmut Radebolds Schlussbemerkung, der die ambivalente Heimatliebe des NS-Verfolgten und Exilanten Kurt Tucholsky eindrucksvoll und mahnend erwähnte.

Was bleibt von einem solchen Symposium übrig? Sicherlich die Erinnerung an engagierte Vorträge und die rege Beteiligung der Zuhörer. Was wurde aber alles nicht erwähnt und dargestellt? Hediaty Utari-Witt war die einzige Vortragende mit Migrationshintergrund. Die Frage, wo Migranten beheimatet sind, wurde nur von ihr angesprochen. Ist der Begriff Heimat nur ein deutscher und in Verruf geratener Begriff, der spätestens mit dem Tod der letzten Zeitzeugen des Zweiten Weltkrieges in der Rumpelkammer verstaubt? Auch die Frage, wo Menschen ihre Heimat in Religion, Konfession und politischer Ideologie haben, wurde nur randständig behandelt.

Wir sind uns bewusst, dass ein Symposium nur einen fragmentarischen Ausschnitt zu all den Fragen liefern kann. Aber eines ist für zukünftige Generationen von Älteren mit Sicherheit von großer Bedeutung: Globalisierung und Migration nehmen zu, ebenso rasante strukturelle Wachstums- und Schrumpfungsprozesse in Nahbereichen. Diese Entwicklungen bringen schon innerhalb einer Generation gravierende Veränderungen mit sich, die zu äußerer und innerer Heimatlosigkeit führen können. Umso wichtiger ist es gerade für uns psychotherapeutisch Tätigen, ältere Menschen intensiver und aktiver bei diesen Veränderungsprozessen zu begleiten. Der Begriff Heimat bekommt zunehmend einen dynamischen und weniger einen statischen Charakter und die Suche nach Identität ist nicht mehr ausschließlich eine Entwicklungsaufgabe der Adoleszenz, sondern auch des 3. und 4. Lebensalters.

Literatur

Akhtar S (2011) Immigration and Acculturation. Erscheinungsort (Jason Aronson).

Korrespondenzadresse:
Dr. Bertram von der Stein
Quettinghofstr. 10a
50769 Köln
E-Mail: Dr.von.der.Stein@netcologne.de

Ein Heim im Alter – das Elternheim

Ruth Schulhof-Walter[1] *(Köln)*

Ehre Vater und Mutter, auf dass du lange lebest auf dem Boden, den der Ewige, dein Gott, dir geben wird.

Der Name ist Programm – die Einrichtung der Synagogen-Gemeinde Köln ist ein Alters- und Pflegeheim, es wird aber Elternheim genannt, da dort die Eltern- und Großelterngeneration wohnt. Schon im Namen soll sich der Respekt vor der älteren Generation ausdrücken. Das Elternheim versteht seine Arbeit als lebendigen Dienst am Menschen in einem Leben miteinander unter Beachtung der jüdischen Religion und Tradition. Zu dieser Tradition gehört es, die Bewohner als eigenständige Persönlichkeiten zu achten und entsprechend zu behandeln, unabhängig vom Gesundheitsstatus.

Das Haus wird traditionell jüdisch geführt. Dies ist nicht nur ein theoretischer Leitgedanke, sondern erlebter Alltag. Selbstverständlich erfolgen Pflege und Betreuung der Bewohner maßgeblich nach den heutigen pflegerischen Standards.

Das Elternheim ist in einem 2003 sanierten, denkmalgeschützten Haus integriert. Das Wohnen findet in Einzel- oder Doppelzimmern statt. Alle Zimmer sind mit eigener Dusche und WC ausgestattet, sowie Telefon-, TV-Anschluss und Hausnotruf. Es gibt einen kleinen Friseursalon, medizinische Fußpflege ebenso wie eine umfangreiche Bibliothek im Haus. In der hauseigenen Küche wird entsprechend der jüdischen Speisegesetze gekocht und man kann, da die Küche sich im Haus befindet, auf individuelle Diätbedürfnisse hervorragend eingehen.

Selbstverständlich gibt es verschiedene Beschäftigungs- und Freizeitangebote, wobei Wert darauf gelegt wird, dass an Demenz erkrankte Bewohner speziell gefördert und betreut werden. Die beiden Terrassen und der schöne Garten laden zum Sitzen im Freien ein.

Darüber hinaus wird das Leben der Bewohner jedoch ganz besonders davon geprägt, dass es sich um eine jüdisch geführte Einrichtung handelt.

---

1 Freie Mitarbeiterin der Synagogen-Gemeinde Köln.

Die Bewohner gehören fast ausschließlich der jüdischen Religion an. Diese Tatsache verbindet die Menschen im Alter, unabhängig davon, woher sie ursprünglich stammen oder wie religiös sie ihr Leben vor ihrem Einzug ins Elternheim gestaltet hatten. Den Bewohnern wird die Möglichkeit geboten, in der jüdischen Tradition zu leben. Dies bedeutet für die Menschen nicht nur religiöse Kontinuität, sondern ein großes Stück Sicherheit. Sie sind in dieser Tradition vielfach groß geworden, sie finden hier ein Stück Heimat und Geborgenheit. Die Bewahrung der Tradition hat gerade für alte Menschen einen hohen Stellenwert.

Die Bewohner erkennen die Feiertage mit ihren Gebeten und Riten, die sich seit ihrer Jugendzeit nicht wesentlich verändert haben. Für den seelischen Beistand bringt der Gemeinderabbiner bei seinen Besuchen sehr viel Geduld und Kraft mit. Er spricht fünf verschiedene Sprachen und ermöglicht es den Bewohnern, ein Gespräch zumeist in ihrer Muttersprache zu führen.

Die Mehrzahl der Bewohner stammt aus den ehemaligen GUS-Staaten. Bei der Besetzung von Stellen im pflegerischen Bereich wird darauf geachtet, dass auch Russisch sprechendes Personal eingestellt wird. Zurzeit sprechen mehr als 60% des Personals auch russisch. Es ist für die Bewohner sehr wichtig, dass sie im Alter die Sprache benutzen dürfen, mit der sie aufgewachsen sind.

Durch die Altersstruktur gehören die meisten Bewohner zur Vorkriegsgeneration. Das Wissen um ihre individuelle Geschichte gibt Informationen, die den täglichen Umgang beeinflussen, wenn es von den Mitarbeitern genutzt wird. Die Bewohner sind ausnahmslos von den historischen Geschehnissen betroffen und durch sie geprägt. Sie mussten Verfolgung, Folter und Morddrohungen erleben, ebenso wie die Ermordung vieler Familienangehöriger. Sie leiden unter diesen Traumata und den daraus folgenden Auswirkungen. Das Ziel des Elternheims ist es, eine Re-Traumatisierung zu vermeiden. Dazu gehört auch, bestehende Ängste wahrzunehmen und entsprechend darauf einzugehen.

Das Elternheim hat das Ziel, den Blick auf das menschliche Leiden, die Nöte und Bedürfnisse ihrer Bewohner zu richten, ihre Würde zu achten und zu erhalten und ihnen den Schutz der Gemeinschaft zu gewähren. Es gilt, die familiären und sozialen Kontakte der Bewohner zu fördern und zu bewahren. Bedingt durch oft fehlende Familienangehörige, bekommt der Umgang mit dem Personal eine hohe Bedeutung.

Das Elternheim ist im jüdischen Wohlfahrtszentrum untergebracht, in dem sich auch der Kindergarten, die Grundschule und die Verwaltung der Synagogen-Gemeinde Köln mit vielen Abteilungen befindet.

Die Mitarbeiter verpflichten sich in ihrer Arbeit, den Bewohnern das Gefühl zu geben, Teil der Gemeinschaft zu sein und auf deren besondere

Anforderungen und Bedürfnissen einzugehen. Die Grundsätze der jüdischen Sozialarbeit, nach denen die Bewohner betreut werden, gehen auf die Gebote der Thora zurück. Jüdische Sozialarbeit ist nicht nur eine Profession, sondern auch eine Berufung. Dementsprechend leisten alle Mitarbeitenden, unabhängig von ihrer jeweiligen Stellung in der Einrichtung, Sozialarbeit – soziale Arbeit am Menschen.

Der Talmud sagt dazu: *»Helfen ist eine Ehre, die dem Helfenden zugute kommt, damit deine Tage sich auf Erden verlängern.«*

Theo Piegler (Hg.)

Das Fremde im Film

Psychoanalytische Filminterpretationen

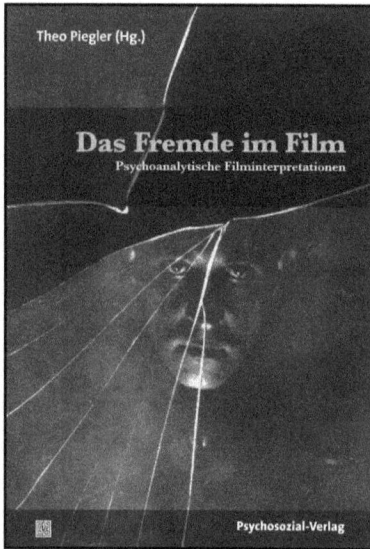

2012 · 200 Seiten · Broschur
ISBN 978-3-8379-2216-5

Das Fremde ist allgegenwärtig.
Wir sind permanent mit ihm konfrontiert, so wie unsere Projektions- und Identifikationsfiguren im Film, also unsere »Filmhelden«. Im günstigsten Fall löst das Fremde Faszination und Neugier aus, im ungünstigsten Angst, Ablehnung und Bekämpfung.

Junge Menschen verbinden mit dem Fremden etwas anderes als ältere Menschen. Die Autoren, Vertreter gänzlich unterschiedlicher Generationen, ergründen aus ihrer jeweiligen altersspezifischen Perspektive das Fremde in den Filmen *Der Exorzist, Matrix, Twilight, Das Bildnis des Dorian Gray, Das geheime Fenster, Eyes Wide Shut, Casablanca, Three Seasons, Gran Torino, Die Fremde* und *Der seltsame Fall des Benjamin Button.* Das Ergebnis ist ein ebenso facettenreiches wie faszinierendes Bild des projizierten und externalisierten Unbewussten in seiner cineastischen Spiegelung.

Mit Beiträgen von Hannes König, Theo Piegler und Gabriele Ramin.

Walltorstr. 10 · 35390 Gießen · Tel. 06 41-96 99 78-18 · Fax 06 41-96 99 78-19
bestellung@psychosozial-verlag.de · www.psychosozial-verlag.de

Buch- und DVD-Besprechungen

Caroline Osborn, Pam Schweitzer und Angelika Trilling (2013)
Erinnern. Eine Anleitung zur Biographiearbeit mit älteren
Menschen. Freiburg im Breisgau (Lambertus), 200 S., € 21,–.

Über frühere Erlebnisse nachzudenken, zu reflektieren und sie neu zu betrachen
gehört zu den zentralen Themen der Psychotherapie mit älteren und alten
Menschen. Mit klassischen Anamnesetechniken bekommt man zu diesen kaum
einen Zugang. Biografiearbeit und Erinnerungspflege sind aber dafür geeignet,
sie werden heute erfreulicherweise bereits in unterschiedlichen Projekten der
Altenarbeit eingesetzt. Zur Systematisierung und Vertiefung dieser bewegenden
Thematik haben C. Osborn, P. Schweitzer und A. Trilling ein Buch verfasst,
mit dessen Hilfe Fachleute in der Seniorenarbeit, aber auch die interessierte
Öffentlichkeit, sachkundig an diese Lebensfragen herangeführt werden.

Das Fachbuch ist sehr übersichtlich in drei Abschnitte untergliedert, auf
welche hier eingegangen werden soll:

1. *Voraussetzungen der Erinnerungspflege:* Hervorgehoben wird, dass die
Arbeit mit unterschiedlichen sensorischen Qualitäten als Trigger verschüt-
tete Geschehnisse und Bilder wieder ans Tageslicht bringen und darüber
hinaus sogar Spaß machen. Sehr förderlich ist hierbei die Anwesenheit einer
interessierten Zuhörerschaft. Die Grenzen, aber auch die Abgrenzung zur
Geschichtsforschung mit Zeitzeugen (oral history), sollten jedoch nicht
unerwähnt bleiben. Die Autorinnen unterstreichen, dass Biografiearbeit
in einer multikulturellen Gesellschaft nicht nur transgenerational, sondern
auch transkulturell gesehen werden muss und hierdurch eine besondere
Bereicherung erfährt. In diesem Buch werden die Rahmenbedingungen
(z. B. Ziele, Häufigkeit oder Gruppengröße) und Modalitäten des Ab-
laufes der Erinnerungspflege beschrieben sowie auf spezielle Frage- und

Übungstechniken und diverse Formen des Erinnerns hingewiesen. Erleben ältere Menschen, dass sie und ihre Erinnerungen ernst genommen werden, wächst ihr Selbstvertrauen. Dies ermöglicht ihnen, Brücken zur heutigen, oft fremd gewordenen Welt zu schlagen.

2. *Arbeitsformen:* In 17 Unterkapiteln werden dem Leser methodische Vorschläge gemacht, um das Erinnerungsvermögen auf unterhaltsame Art anzuregen, alle Sinne anzusprechen und den Austausch in einer Gruppe zu aktivieren und zu fördern. Als Beispiele für Übungstypen seien folgende Aktivierungs- und Anwendungsmöglichkeiten genannt: Bilder betrachten; Fühlen, Riechen, Schmecken; Stadtpläne und Landkarten; Geschichten erzählen; Schreiben; Musik und Geräusche; Rundgänge und Ausflüge; Rollenspiele und Theaterstücke usw.

Bereichert werden die Aktivitäten, wenn Gegenstände aus früheren Epochen hinzugezogen werden (Original-Haushaltsgeräte, altes Spielzeug, nicht zu kleine Fotografien, Bücher und Zeitungen »aus der alten Zeit«). Von Vorteil ist die optische oder akustische Präsentation mit einem Dia-Projektor bzw. einem Plattenspieler. Träume oder Erlebtes lassen sich in Erinnerungskisten plastisch darstellen und mit Autobiografien vortrefflich kombinieren. Das Einbringen von Erinnerungsmaterial in stabile, gut transportierbare Kisten bietet darüber hinaus die Chance, persönliche Geschichten in einer Wander-Ausstellung einem großen Zuschauerkreis näher zu bringen und für diese Thematik zu sensibilisieren.

3. *Themen:* Die vorgestellten Erinnerungsinstrumente lassen sich vorzüglich für eine systematische Betrachtung von unterschiedlichen Lebensphasen einsetzen. Elf typische Lebensstufen die gesamte Lebensspanne umfassend werden differenziert und in der Erinnerungsarbeit vertiefend beleuchtet. So können z. B. Kindheit, Schulzeit, Freizeit, Familienleben oder Berufswelt gedanklich »auferstehen«, wodurch es nicht selten möglich ist, diese aus neuen Perspektiven zu betrachten.

Insgesamt ist die praxisorientierte Anleitung zur Biografiearbeit amüsant und spannend zu lesen und weckt beim Leser unweigerlich Erinnerungen an die eigene Kindheit und den eigenen bisher zurückliegenden Lebensweg. Hierdurch können die Inhalte auch in einen psychotherapeutischen Prozess integriert werden. Das Buch ist allen in der Seniorenarbeit Tätigen (und nicht nur diesen) sehr zu empfehlen. Da das gut lesbare und im dritten Teil lexikalisch strukturierte Buch durchaus als »Kochbuch« eingesetzt werden kann, löst es beim Leser Impulse aus, das gelesene »in die Tat umzusetzen«. Hierbei kann es dann auch gut als Nachschlagewerk eingesetzt werden.

Henning Wormstall (Schaffhausen CH)

Hans-Werner Wahl, Clemens Tesch-Römer und Jochen Philipp Ziegelmann (Hg) (2012) Angewandte Gerontologie. Interventionen für ein gutes Altern in 100 Schlüsselbegriffen. 2. Aufl. Stuttgart (Kohlhammer), 688 S., € 49,90.

Dieses Werk mit jeweils sechsseitigen Artikeln in lexikalisch objektivierender Sprache zu den 100 Stichworten verspricht primär eine breite Übersicht über die Gerontologie. Querverweise, wie in einem Lexikon, gibt es aber leider nicht, sodass häufig Wiederholungen vorkommen. So wird beispielsweise in zahlreichen Artikeln immer aufs Neue das SOK-Konzept von Baltes beschrieben. Die offensichtlich vorgegebene Beschränkung auf jeweils zehn bis zwölf Literaturangaben ist befremdlich, da häufig auf Literatur hingewiesen wird, ohne sie zu benennen. So ist etwa zu lesen: »Eine zunehmende Zahl von empirischen Befunden belegt die besonderen Risiken und vielfältigen Belastungen durch manche soziale Kontakte im Alter. Einige dieser Studien legen sogar nahe, dass nicht selten die Kosten von belastenden sozialen Interaktionen im Verhältnis zum Nutzen der unterstützenden oder positiven Wirkungen von Beziehungen deutlich überwiegen [...]« (Lang u. Rohr 432). Was für Kontakte sind dies? Welche belastenden Interaktionen sind gemeint? Fehlanzeige! Das umfangreiche Werk leistet keine Aufklärung. Hinzu kommt die Standardisierung der Artikel auf 6 Seiten, wodurch einzelne Themen, wie beispielsweise »Höchstaltersgrenzen im Recht«, ausgewalzt werden, während andere viel zu kurz geraten.

Aus meiner Sicht ist das editorische Konzept nicht stimmig. Dass es auch anders geht, hatte der Kohlhammer-Verlag 1984 mit der von Oswald et al. herausgegebenen »Gerontologie« gezeigt, in der zwar nur 62 Stichworte aufgenommen wurden, die aber durch umfangreiche Literaturangaben eine wahre Fundgrube des damaligen gerontologischen Wissens sind.

Johannes Kipp (Baunatal)

Monika Müller und David Pfister (Hg) (2012) Wie viel Tod verträgt das Team? Belastungs- und Schutzfaktoren in Hospizarbeit und Palliativmedizin. Göttingen (Vandenhoeck & Ruprecht), 318 S., € 29,95.

Die empirische Grundlage des Buches ist eine Umfrage, die die Herausgeber 2009 bei Palliativstationen und Hospizen gemacht hatten. Die Häufung von

Todesfällen und die Beziehungen zu Patienten sind ebenso wie die eigenen Ansprüche in der Palliativmedizin die häufigsten Belastungsfaktoren. Gleichzeitig gibt es aber auch Schutzfaktoren, das Team ist dabei von höchster Bedeutung, jedoch schützen auch Humor und ein positives Privatleben besonders häufig.

Nach einer Einführung mit fünf Artikeln, in denen grundsätzlich auf die Belastungen des Teams und auf die Burn-out-Problematik eingegangen wird, folgen im zweiten Teil des Buches »Was auf uns lastet« zehn präzise geschriebene Artikel, in denen aus unterschiedlichen Perspektiven die Belastungen sachlich analysiert werden. Einzig der Artikel von Andreas Heller, der über »Das perimortale Omnikompetenzsyndrom« schreibt, fällt aus dem Rahmen, weil ganz unterschiedliche Probleme angetippt werden, so wie wenn der Autor selbst unter dem von ihm beklagten Omnikompetenzsyndrom leide.

In dem dritten Teil des Buches mit fünf Artikeln geht es um »Zeichen der Erschöpfung«, wobei mir die Ausführungen über die »Überredseligkeit und Sprachlosigkeit« besonders viele neue Denkanstöße gegeben haben.

Im vierten Teil »Was uns schützt« sind elf großartige Artikel versammelt, in denen authentisch das Erleben und Ertragen von Sterben und Tod sowie die Möglichkeiten des Umgangs damit beschrieben werden.

Im letzten Teil des Buches vom »(V)Ertragen zum Ertrag« sind dann noch einmal vier Artikel und ein Rundgespräch im Team zusammengefasst. Es wird in diesen Ausführungen untersucht, wie die Erfahrungen mit Sterbenden sich positiv auf das Leben auswirken. Zahlreiche Artikel sind geprägt von der eigenen Erfahrung, die hier sehr authentisch und überzeugend reflektiert wird. Im Rundgespräch geht es beispielsweise darum, wie sich der Tod naher Angehöriger (im Buch werden sie generell Zugehörige genannt) auf einzelne Mitarbeiter/innen in Palliativstationen und Hospizen ausgewirkt hat. Die dabei auftretenden Schwierigkeiten, Erfahrungen, aber auch Chancen werden in den Gesprächsbeiträgen authentisch geschildert.

Bei der durchgehend sehr hohen Qualität der einzelnen Darstellungen waren für mich die sechs Artikel, an denen Martina Kern mitgewirkt hatte, Highlights, weil durch ihre Schreibweise und ihre Beispiele die geschilderten Problemsituationen erlebnismäßig nahe werden. Hochachtung habe ich vor den beiden Herausgebern des Buches, denen es gelungen ist, dass die vielen Autoren jeweils bei ihrer Thematik blieben, sodass kaum Überschneidungen und Wiederholungen vorhanden sind.

Beim Lesen hatte ich zwischendurch Impulse, das Buch wieder wegzulegen, weil die Sterbens- und Todesthematik mir zu nahe ging. Wenn ich jedoch den jeweils nächsten Artikel zu lesen begonnen hatte, war mein neu erwecktes Interesse an der Sichtweise stärker als die Abwehr der gesamten Thematik. Insgesamt handelt es sich um ein sehr gelungenes und wichtiges Buch, das ich nicht nur Menschen, die in Palliativstationen oder im Hospizdienst arbeiten, empfehlen kann. Durch die authentischen Schilderungen wird auch die eigene innere Auseinandersetzung mit Sterben und Tod auf positive Weise gefördert.

Johannes Kipp (Baunatal)

Demenz Support Stuttgart (Hg) (2012) Gemeinsam bewegen wir uns lieber als allein. Sport und Demenz. DVD. Frankfurt (Mabuse), Laufzeit 12 Min., € 5,90.

In diesem kurzen Film wird zuerst ein noch sehr rüstiger Demenzkranker gezeigt, der bei sportlichem Bewegen und Radfahren noch viel Spaß hat. Es kommen dann Szenen von Gymnastikgruppen und von einer gemeinsamen Radtour, die mit einem abendlichen Grillen endet. Dieser Film kann Anregungen geben, wie Vereine, insbesondere Sport und Fahrradvereine, das Aktivbleiben unterstützen können. Für Betroffene und ihre Angehörigen zeigen die starken Bilder im Film, dass das Leben mit einer beginnenden Demenzerkrankung noch lange nicht vorbei ist.

Johannes Kipp (Baunatal)

Demenz Support Stuttgart und Bürgerinstitut Frankfurt (Hg) (2012) Wir wollen mitreden. Menschen mit Demenz treten aus dem Schatten. DVD. Frankfurt (Mabuse), Laufzeit 20 Min., € 6,90.

Dieser Film zeigt Szenen aus einer Veranstaltung, bei der vier Menschen reden, bei denen eine Demenz mit frühem Beginn diagnostiziert worden ist. Umrahmt werden die Reden von einem gemeinsamen »circle drumming«, das sichtbar allen aktiven Teilnehmern Freude macht. Bewegt hat mich in der Rede von Richard Taylor, wie er beschreibt, dass er beim Rasenmähen nicht mehr den Einfüllstutzen finden konnte, um Treibstoff nachzugießen und wie er seinen Nachbarn zu Hilfe holt. Gefreut hat mich, dass die Australierin Chistine Bryden lebendig erzählt, wie sie einen neuen Lebensgefährten kennengelernt hatte, obwohl bei ihr schon eine Demenz diagnostiziert worden war. Christian Zimmermann macht deutlich, dass die Begegnung mit anderen Menschen, die auch unter dieser Behinderung leiden, entlastend ist. Bei der freien Rede von

Helga Rohra mit langen, komplexen und immer richtig formulierten Sätzen gingen in mir auch Zweifel los, ob es sich bei ihr um eine Alzheimer-Demenz handelt, wie bei dem Nervenarzt, von dem sie berichtet.

Ich habe letztes Jahr bei zwei Menschen eine Demenz mit frühem Beginn diagnostiziert und wäre froh gewesen, wenn ich diesen Film beiden hätte zeigen können. Er ist ermutigend und lässt keine Endzeitstimmung aufkommen.

Johannes Kipp (Baunatal)

Zum Titelbild
Heimat eine Idylle?
Bertram von der Stein (Köln)

Das Bild zeigt den historischen Ortskern von Niederaußem bei Köln mit der Kirche St. Johann Baptist aus dem 12. Jahrhundert. Auf den ersten Blick eine Idylle. Auf den zweiten Blick fällt auf, dass das historische Bild empfindlich beeinflusst ist durch das 2002 bisher letztmalig erweiterte Braunkohlekraftwerk der RWE.

Schon in den 1950er Jahren wurde die Devise vom Rheinischen Braunkohlerevier als einer »Landschaft in Not« geprägt. Das Rheinische Braunkohlerevier, zwischen den Großstädten Köln, Düsseldorf und Aachen gelegen, hat schon seit Anfang des zwanzigsten Jahrhunderts zahlreiche historische Orte dem Braunkohletagebau opfern müssen. Tausende Menschen wurden umgesiedelt. Hinzu kamen Kriegsverwüstungen und Bombardements, die auch Niederaußem schwer getroffen hatten. Nach dem Krieg wurde das Revier neue Heimat und Arbeitstätte für die vertriebenen Deutschen aus den Ostgebieten und für die Arbeitsmigranten aus Süd- und Südosteuropa und aus der Türkei. Gegensätze, nicht nur optische, prallen in diesem vernarbten Gebiet aufeinander.

Viele Ältere finden sich in ihren neu angelegten Orten nicht mehr zurecht. Auch heute noch sorgen die Braunkohlebagger für irritierende und irreversible Veränderungen. Ist Niederaußem nicht trotz der Bewahrung des historischen Ortskerns vielleicht ein Sinnbild für die deutsche Heimat, die sich in den vergangenen hundert Jahren so rasant und gewaltsam verändert hat? Wie wird diese Heimat aussehen, wenn heute neugeborene Kinder alt geworden sind?

Veranstaltungshinweis

25. Symposium »Psychoanalyse und Altern« Kassel
am 29. und 30.November 2013 im Gießhaus der Universität Kassel

»Märchenhaftes Alter«
Die Märchen der Gebrüder Grimm gehören zum Kulturschatz der Menschheit. Die großen Themen des menschlichen Lebens erfahren in ihnen eine spezifische Verdichtung. Auch das Alter tritt in Märchen vielgestaltig auf, sei es als weise Alte, als Großmutter des Teufels oder des Rotkäppchens, als Hexe oder als Riese Rübezahl.

Märchenhaft, das heißt verklärt, idealisiert oder aber entwertet erleben wir das Alter und die Alten auch heute noch. Es begegnet uns auch in Psychotherapien als keineswegs immer leicht zu begreifendes, oft von eigenem Widerstand und eigener Abwehr verstelltes Phänomen. Wir hoffen, das Thema inspiriert auch Sie.

Zu Beiträgen eingeladen sind Psychoanalytiker, Psychotherapeuten, Psychiater, Geistes- und Kulturwissenschaftler. Nach einem 30-minütigen Vortrag soll jeweils eine 30-minütige Diskussion stattfinden. Die Beiträge werden in der Zeitschrift »Psychotherapie im Alter« veröffentlicht.

Für weitere Auskünfte und für die Anmeldung stehen Ihnen gern zur Verfügung:
➤ Frau Ehri Haas, Leuschnerstr. 55a, 34134 Kassel, Tel. 0561 44877 (ehri.haas@arcor.de)
➤ Dr. Johannes Kipp (johanneskipp@t-online.de)

Nachruf auf Dipl.-Psych. Peter Giesers

Völlig unerwartet verstarb unser Kollege und Freund Peter Giesers am 2.6.2013. Noch unmittelbar vor seinem Tod hatte er zahlreiche berufliche und private Verabredungen getroffen und gemeinsame Vorhaben geplant, sodass sein plötzlicher Tod für uns alle eine jähe und schmerzhafte Zäsur darstellt, es fällt uns schwer, seinen Tod als Realität anzuerkennen.

Dipl.-Psych. Peter Giesers, der 1959 in Mönchengladbach geboren wurde und dort aufgewachsen ist, war Psychoanalytiker (DPG/DGPT) und Gruppenanalytiker (D3G). Er arbeitete als niedergelassener Psychologischer Psychotherapeut, Coach und Supervisor in Köln. Er war Lehranalytiker am Institut für Psychoanalyse und Psychotherapie Düsseldorf (IPD), Dozent am Institut für Psychodynamische Organisationsentwicklung und Personalmanagement Düsseldorf (P.O.P.) und Vorsitzender des Instituts für Analytische Gruppenpsychotherapie und Gruppendynamik Düsseldorf (IAGD).

Neben dem Studium der Psychologie studierte er Kunstgeschichte, Theaterwissenschaften und Philosophie. Nach dem Studium hatte er im psychologischen Institut »transform« (Verkehrspsychologie, Markt- und Medienforschung), im Institut für psychologische Wirkungsforschung »ifm-Freiburg« (Marktforschung) und in der Beratungsgesellschaft »evolog« in Köln (Organisationsberatung, Personalentwicklung, Coaching) gearbeitet. Außerdem übernahm er im Rahmen einer Teilzeitstelle die Leitung einer Erziehungsberatungsstelle mit dem Schwerpunkt Kinderschutz. Seit 1999 war er in eigener Praxis für Psychotherapie, Psychoanalyse, Supervision und Coaching in Leverkusen und später in Köln tätig.

Forschungen und Veröffentlichungen zur Neurosenlehre und Psychotraumatologie, zur Psychoanalyse von Kunst und Alltag sowie zur Arbeits- und Organisationspsychologie gehören ebenso zu seiner publizistischen Hinterlassenschaft wie Artikel, die sich mit den Folgen des Nationalsozialismus und transgenerationeller Taumaweitergabe beschäftigen. Er hat sich in zahlreichen

Institutionen und überregionalen Veranstaltungen (u.a. Lindauer Psychotherapiewochen) aktiv eingebracht.

Peter Giesers war kein Minimalist. Reines Effizienzdenken und kleinliches Aufrechnen waren ihm fremd. Sein Arbeitsstil ähnelte der klassischen Vorstellung von künstlerischer Arbeit, immer hin- und herspringend zwischen Primär- und Sekundärprozess. Wenn er sich für einen Patienten oder ein Thema einsetzte, dann ging er mit Elan und Eifer ans Werk. Hierzu gehörte auch, dass er manchmal über die Grenzen seiner Kraft hinausging. Er nahm in Bezug auf die Psychoanalyse, ihre Manifestationsformen und Institutionen den Begriff der libidinösen Besetzung wörtlich. Von ihm stammt die Äußerung, dass man die Psychoanalyse und unser Institut, das IPD, lieben solle. Deshalb ist es auch nachvollziehbar, dass er unter manchen alltäglichen und banalen Manifestationen im Zusammenleben des Instituts gelitten hatte.

Wer ihn näher kannte, der weiß, dass Peter Giesers in Bezug auf seine eigenen Untiefen und Sollbruchstellen sehr offen war. Er versuchte, streng im Dienste der Wahrheit stehend, nichts zu beschönigen. Im scheinbaren Gegensatz dazu stand jedoch seine Tendenz, sich anderen Menschen mit eigenen Sorgen nicht zuzumuten. So gut wie gar nicht klagte er über irgendwelche aktuellen Umstände, die seine Person unmittelbar betrafen. So blieb er bei aller Nähe, Wärme und Interesse anderen Menschen gegenüber bezüglich eigener Beschwernisse auf eine für ihn typische Art distanziert.

Peter Giesers setzte sich sehr für Belange seines Instituts, des Instituts für Psychoanalyse und Psychotherapie in Düsseldorf ein. Hervorzuheben ist sein Anliegen, Ziele der DPG und des IPD in Bezug auf den Ausbildungstrack für Kandidaten zusammenzubringen. Auch bemühte er sich Brücken zu bauen zwischen der Abteilung für analytische Kinder- und Jugendlichenpsychotherapie und der Erwachsenenabteilung des IPD. Sein Engagement ließ niemanden kalt. Zuweilen polarisierte er und wies zuspitzend auf Widersprüche hin. Dann war er aber immer wieder bereit, sich integrierend in den Dienst der gemeinsamen Sache zu stellen und produktiv an gemeinsamen Lösungen mitzuwirken. Sein Tod reißt eine große Lücke in unserem Institut auf. Sein Engagement und seine inspirierenden Impulse fehlen spürbar schon jetzt.

Sein allzu früher Tod ließ vieles unvollendet. Dies sollte für uns eine Aufforderung sein, ihn in Dankbarkeit nicht zu vergessen und manches, was er angestoßen hatte, weiter zu führen.

Bertram von der Stein (Köln)

Autorinnen und Autoren

Peter Giesers †, Jahrgang 1959, Dipl.-Psych., Psychoanalytiker (DPG, DGPT) und Gruppenanalytiker (D3G), langjähriger Leiter einer Erziehungsberatungsstelle, seit 1999 niedergelassen als Psychotherapeut, Coach und Supervisor in Köln. Lehranalytiker am Institut für Psychoanalyse und Psychotherapie Düsseldorf (IPD), Gruppenlehranalytiker und Vorsitzender des Instituts für Analytische Gruppenpsychotherapie und Gruppendynamik Düsseldorf (IAGD). Schwerpunkte: Neurosenlehre, Psychotraumatologie, Psychohistorie, Kunst und Alltag, Arbeits- und Organisationspsychologie.

Eike Hinze, geb. 1940, ist als Nervenarzt und Psychoanalytiker in freier Praxis und am Berliner Karl-Abraham-Institut als Lehranalytiker tätig. Schwerpunkte seiner Arbeit und Veröffentlichungen sind Fragen der psychoanalytischen Praxis, besonders bei älteren Patienten sowie Berührungspunkte der Psychoanalyse mit anderen Wissenschaften.

Johannes Kipp, geb. 1942, Dr. med., Facharzt für Neurologie und Psychiatrie, Psychosomatische Medizin und Psychotherapie, Psychoanalytiker (DPV) und Gruppenlehranalytiker (DAGG), Direktor der Klinik für Psychosomatische Medizin am Klinikum Kassel. Zahlreiche Veröffentlichungen insbesondere zur Psychotherapie im Alter, Buchveröffentlichungen zur Gerontopsychiatrie und Psychosentherapie, Mitherausgeber und Schriftleiter von PiA.

Reinhard Lindner, Jahrgang 1960, PD Dr. med., Facharzt für Neurologie und Psychiatrie, Psychotherapie und Psychosomatische Medizin. Leiter des Therapie-Zentrums für Suizidgefährdete am Universitätsklinikum Hamburg-Eppendorf. Forschungsarbeiten zu geschlechts- und altersspezifischen Aspekten der Suizidalität, Entwicklung und Evaluation eines psychoanalytisch orientierten Behandlungskonzepts für Suizidgefährdete, Suizidprävention,

Öffentlichkeitsarbeit, Projekte zu Kunst, Suizidalität und Gesellschaft. Seit 2007 als Stipendiat des Forschungskollegs Geriatrie der Robert Bosch Stiftung Aufbau und Evaluation eines psychosomatischen Konsil-/Liaisondienstes am Zentrum für Geriatrie und Gerontologie, Albertinen Haus, Hamburg. Dozent, Supervisor und Lehrtherapeut der Arbeitsgemeinschaft für integrative Psychoanalyse, Psychotherapie und Psychosomatik in Hamburg e. V. (APH/DGPT).

Klaus Müller, geb. 1940 in Berlin, Psychoanalytiker der DPV. Arbeit in freier Praxis. Veröffentlichungen zu Psychoanalyse und Literatur.

Manfred G. Schmidt, Dr. rer. soc. Dipl. Psych., Psychoanalytiker und Lehranalytiker der Psychoanalytischen Arbeitsgemeinschaft Köln Düsseldorf, Praxis für Psychoanalyse und Psychotherapie, Veröffentlichungen u. a. über Supervision, Behandlungstechnik bei verschiedenen Erkrankungen, Niederfrequente psychoanalytische Psychotherapie, 2004–2006 Vorsitzender der DPV

Barbara Stambolis, Prof. Dr., lehrt Neuere und Neueste Geschichte an der Universität Paderborn; zeitweise Mitsprecherin der Forschungsgruppe »Weltkriegs2Kinder« (w2k) und Mitorganisatorin des II. Kongresses »Kindheiten im II. Weltkrieg in Europa« 22.02.–23.02.2013 in Münster. Derzeitige Forschungsfelder: Kriegskindheiten (im Ersten und) Zweiten Weltkrieg, Generationengeschichte, Adoleszenz im 20. Jahrhundert, kollektivbiografische Studien, Geschichte der Jugendbewegung. Letzte Veröffentlichungen: Töchter ohne Väter. Frauen der Kriegsgeneration und ihre lebenslange Sehnsucht (2012) (Hg): Vaterlosigkeit in vaterarmen Zeiten (2013). Homepage: www.barbara-stambolis.de

Meinolf Peters, geb. 1952, Dr. phil. Diplom-Psychologe, psychologischer Psychotherapeut, Psychoanalytiker, niedergelassen in eigener Praxis, leitender Psychologe im Funktionsbereich Gerontopsychosomatik in der Klinik am Hainberg in Bad Hersfeld, Mitinhaber und Geschäftsführer des Instituts für Alternspsychotherapie und Angewandte Gerontologie an der Universität Marburg.

Bertram von der Stein, geb. 1958, Dr. med., Psychoanalytiker (DGPT, DPG), Lehranalytiker und Vorsitzender am Institut für Psychoanalyse und Psychotherapie Düsseldorf, Arzt für Psychotherapeutische Medizin, Arzt für Psychiatrie und Psychotherapie. Von 1995 bis Ende 2003 in verschiedenen psychosomatischen Kliniken im nördlichen Rheinland u. a. in leitenden Funktionen tätig. Erfahrungen in psychosomatischer Rehabilitation und

Psychotherapie mit Älteren und Migranten. Seit Mai 2003 niedergelassener Psychoanalytiker in eigener Praxis. Veröffentlichungen v. a. über Ich-strukturelle Störungen, Alkoholismus, autodestruktives Verhalten, ungewöhnliche religiöse Phänomene, Kriegstraumatisierungen und Migration.

Christoph Tangen-Petraitis, geb. 1960, Dipl. Psych. Psychoanalytiker (DPG/DGPT) und Gruppenanalytiker (D3G), Senior Coach (DBVC), niedergelassen in eigener Praxis in Leverkusen, Mitglied des Vorstandes und Dozent am Institut für Psychoanalyse und Psychotherapie Düsseldorf (IPD), Forschungen und Veröffentlichungen zu den Spuren von Faschismus und 2. Weltkrieg, zur Modifizierung analytischer Psychotherapie, zu Psychoanalyse und Film, sowie zur Arbeits- und Organisationspsychologie. Homepage: www.tangen-petraitis.de.

Psychosozial-Verlag

Thomas Auchter

Brennende Zeiten

Zur Psychoanalyse sozialer und politischer Konflikte

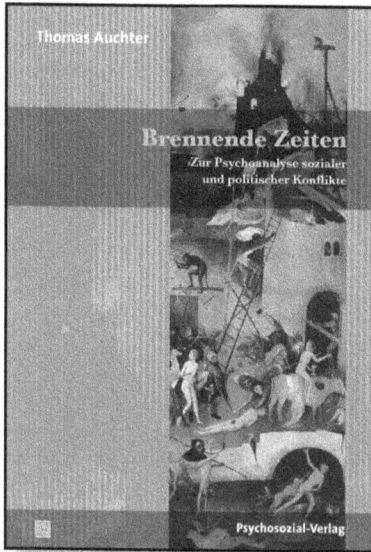

2012 · 525 Seiten · Broschur
ISBN 978-3-8379-2184-7

Unser privates und professionelles Sein und Handeln ist, beabsichtigt oder nicht, immer auch politisch und von geschichtlichen Zusammenhängen geprägt.

Thomas Auchter, kurz nach dem Zweiten Weltkrieg als Sohn eines der ersten nach der Nazizeit in Deutschland ausgebildeten Psychoanalytiker geboren, untersuchte zeitlebens die psychosoziodynamischen Hintergründe brennender politischer Probleme.

Im vorliegenden Band richtet er einen psychoanalytischen Blick auf die ungezählten äußeren und inneren Brandherde, die nach dem Zweiten Weltkrieg immer wieder aufflackern und nie ihre destruktive Kraft verloren haben. In den hier versammelten Arbeiten aus den letzten 35 Jahren setzt er sich mit nach wie vor aktuellen Themen auseinander, unter anderem mit Antiautoritärer Erziehung, Fundamentalismus, Jugendgewalt, Selbstmordattentätern, Traumatisierungen durch Kriegshandlungen, Fremdenfeindlichkeit und Antisemitismus.

Walltorstr. 10 · 35390 Gießen · Tel. 0641-969978-18 · Fax 0641-969978-19
bestellung@psychosozial-verlag.de · www.psychosozial-verlag.de